George Town,
Penang, Malaysia

Kopenhagen,
Erlöserkirche

Das
„weiße Kirchlein“
bei Innsbruck

Strallegg, Steiermark

Hollbruck,Osttirol

Papagenobrunnen von
Hilde Heger, Salzburg

Hannelore Fielhauer · Nun schlägt die Glocke 13

Hannelore Fielhauer

Nun schlägt die Glocke 13

Ein- und ausgeläutet von
Elmar Mayer

Mit 63 Abbildungen
davon 13 in Farbe

SciAm

Verlag A. Schendl · Wien

Hannelore Fielhauer, geboren 1939 in Wien, Studium der Volkskunde an der Universität Wien. Beschäftigung mit vier Kindern, Rundfunksendungen, Berufs- und Bildungsforschung, derzeit im Bundesministerium für Arbeit und Soziales.

In dieser Reihe erschienen:
Die Kerze. Ein Lichtblick der Kulturgeschichte, 1987
Schlüssel und Schlösser oder Psychologie der Sicherheit, 1987
Wasser nützen – Wasser schützen, 1988

Elmar Mayer, geboren 1939 in Wien, Priesterweihe 1964, Magisterarbeit: Die Notgottesdienststätten in Wien. Kaplan in Gloggnitz und Wien. 1964–1978 Generalkaplan des Österreichischen Bauordens, 1976–1985 Sekretär von Eb. Jachym und AHS-Religionslehrer, seit 1987 Pfarrer von Breitenfeld in Wien 8.

„Es schadet nichts, daß die Glocke einen Riß hat,
wenn nur der Klang gut ist",
sagte die Schwester Kaiser Maximilians,
als sie den Herzog von Mantua heiraten sollte,
der einen großen Höcker hatte.
(Memoiren des Pierre de Boudelle, Herrn v. Brantôme,
eingel. u. übers. v. Alfred Semerau, Leipzig Hegner o.J., S.41)

Bildhinweis:
Titelseite: Auf der Hohen Salve, Hopfgarten, Tirol

Gestaltung: Jakob Fielhauer

ISBN 3-85268-105-7

Druck: Kübart, Wien

Inhalt

Einläutung 7

Dreizehn 9

Kling Klang Gloria 13

Chronologie des Krieges 18

Das Prinzip der Mächtigen 24

Die Gußkunst 28

Ling-lüne und Forckernus 35

Glocken-ABC 39

For Whom The Bell Tolls 93

Geläutet – geläutert? 95

Literatur · Register 97

„Das Maria-Saaler-G'läut hört man bis St. Veit..."

„Maria Saalerin" in Maria Saal, Kärnten,
gegossen 1687 von Matthias Landsmann in Klagenfurt,
ca. 6.600 kg, unterer Durchmesser 222 cm
(Foto: Adolf Graf)

„Wachend bei Tag und bei Nacht,
weihe ich Christus das Preislied."

(Älteste bekannte Glockeninschrift, übersetzt aus dem Lateinischen)

Einläutung

Ich bin Pfarrer – sollte ich deshalb eine besondere Beziehung zu Glocken haben? Oder vielleicht habe ich ein Naheverhältnis? Ein professionelles, sozusagen. Ich weiß es nicht! Ich habe mir bis jetzt darüber keine Gedanken gemacht.

Von einer langen Reise aus nichtchristlichen Ländern zurückgekehrt, haben die Mittagsglocken angezeigt, daß ich wieder zu Hause bin. Mittagsglocken – eine kitschige, sentimentale Emotion? In der Silvesternacht schalte ich das Läutwerk für die Glocken um Mitternacht ein, meist bin ich in der Sakristei allein. Ob ich will oder nicht, ich denke an das vergangene Jahr mit seinen Problemen und seinen Freuden und an das kommende Jahr mit seinen Fragezeichen – eine kitschige, sentimentale Emotion?

In der Chronik meiner Pfarre sind in den Bänden der Jahre 1915 und 1940 zwei Berichte über den Abtransport der Glocken nachzulesen. Meine Vorgänger vermerkten, daß sie und viele Menschen, die dem Abtransport zusahen, Tränen in den Augen hatten. Wie wäre es mir ergangen? Hätte ich mit einer zornigen Emotion zu kämpfen gehabt? Die konfiszierten Glocken sind bis heute nicht ersetzt.

Als Kind habe ich den Einzug der großen Glocke, der Pummerin, in die Stadt Wien erlebt. Die Menge der Menschen hat mich tief beeindruckt. Es war mir damals gelungen, ein Ästchen vom Blätterschmuck der Glocke zu stehlen. Lange, lange habe ich den dürren Ast in einer Schachtel aufbewahrt. Ist es übertrieben zu glauben, daß ich damals als Kind die Freude über die Freiheit und die Hoffnung auf friedliche Zeiten gespürt habe – Emotionen der Freude und der Hoffnung?

Zwei Leute heiraten – festlich gekleidet, aufgeregt im Kreis der beiden Familien, der Freunde und Bekannten, die dabei sein wollen. Allgemein herrscht Freude vor, ein ganz klein wenig aber auch die Frage, ob das gemeinsame Leben so werden wird, wie es sich die Brautleute erhoffen. Wenn ich zum Haupttor gehe, um das Brautpaar abzuholen, beginnen die Glocken zu läuten – Ausdruck der Festlichkeit, Ausdruck des Weges in die Zukunft?

Am Sonntag bereite ich mich auf die heilige Messe vor. Wenn die Glocken läuten, weiß ich, daß ich in die Sakristei zu gehen habe, um pünktlich beginnen zu können. Am Sonntag läuten die Glocken zu ungewöhnlichen Zeiten – mitunter zum Ärger jener, für die der Sonntag seinen wesentlichen Sinn verloren hat – und heben diesen Tag von den anderen Tagen der Woche ab. Es wird schon richtig sein, daß das Sonntagsläuten die Funktion der Zeitangabe hat – und doch – jeder weiß, daß die Glocken den Beginn des Gottesdienstes anzeigen und damit auf eine andere Wirklichkeit hinweisen, die über unser Leben, über unsere Sorgen, Nöte und Freuden hinausgeht. Eine fromme Emotion?

Ich bin Pfarrer. Habe ich eine besondere Beziehung zu Glocken? Ich weiß es noch immer nicht.

E. M.

Breitenfeld

„Läute die Wahrheit.“ Die Glocke – ein Rettungsanker? Exlibris, Original 65 x 100 mm

Dreizehn

Da wurde einem geweissagt – die Sage meint, daß es 1554 Arnold de Bruck, der Kapellmeister Ferdinand I. gewesen wäre –, daß er sterben müßte, wenn die Uhr auf St. Stephan zu Wien dreizehn schlüge. Eines Tages stolperte er bei der Besteigung des Turmes, und im Fallen schlug sein Degen an die Glocke, die gerade Mittag geläutet hatte, und tat den dreizehnten Schlag.

Nun schlägt die Glocke dreizehn! Man ist erstaunt oder empört über ein unerwartetes Ereignis. Die Ordnung ist durcheinander geraten. Zwölf sind ein Dutzend, aber dreizehn ist eines zuviel.

Wenn's dreizehn schlägt, ist man schon knapp an der Schwelle in die andere Welt. So wie die zwölf Perchten, die mit ihren Rollen und Schellen über den Brunnen sprangen, um Segen und Fruchtbarkeit zu beschwören, als sich der Teufel als der Überzählige, der Dreizehnte, dazu gesellte und einen von ihnen mit „hinüber“ nahm. Dabei hätte Glocken- und Schellenklang den Teufel eigentlich vertreiben müssen, denn zu seiner und seines Anhangs Abwehr läuten die Buttnmandl in Berchtesgaden, die Schell- und Glockfaschinge im oberen Murtal, die Glöckler in Ebensee, die Trichler im Kanton Luzern, der Schwarze Klaus im Kanton Aargau, die Anklöpfler im Sarntal in Südtirol, die Schellenrührer in Oberbayern, die Perchten von Gastein, die Glaubaufs von Osttirol, die Roller und Scheller von Nassereith in Tirol, die Schemen von Imst und noch etliche andere ihre Schellen, Rollen und Glocken, wecken die Schulbuben im Vinschgau mit Kuhschellen den Nikolaus, begrüßen in der Schweiz mit Glockengeläut die Burschen das neue Jahr, läuten die Kinder im Unterinntal und im Zillertal in Tirol mit den Speisglocken „das Gras aus" usw.

Freilich muß man es etwas differenzierter sehen. Der Teufel in seiner Bocksgestalt ist eine Erfindung des jesuitischen Barocktheaters der Gegenreformation und hat den Platz jener Gutes und Böses bringenden Mächte eingenommen, die die katholische Kirche immer schon aus der Vorstellungswelt ihrer Schäfchen vertreiben wollte. Nur ist ihr die Vertreibung nie ganz gelungen. So kommt es, daß in der Zeit vom Advent bis zum Frühjahr zu bestimmten Terminen, am Nikolaustag (6. Dezember), zu Weihnachten, zu Neujahr, am Tag der heiligen drei Könige (6. Jänner), im Fasching und zu Frühjahrsterminen wie dem Georgitag (24. April) Schellen, Rollen und Glocken den Lärm vermehren, der das Böse bannen und den Segen für Feld, Vieh und Haus vermehren soll. Es handelt sich jeweils um Jahresend- und Jahresanfangtermine, die durch die alten Kalendereinteilungen vor der Gregorianischen Kalenderreform oder durch die Notwendigkeiten des bäuerlichen Jahres, wie Aussaat, Ernte oder die Beendigung des Dreschens, festgelegt waren. Wenn das Alte endet und das Neue beginnt, vermeint man, müßten die Jenseitigen mehr Macht als sonst das Jahr über haben, und die Menschen haben seit alters her versucht, sie in dieser Zeit durch Gebete, Gaben und Riten günstig zu stimmen. Da waren die Glocken als Lärm- und Abwehrinstrumente gerade recht. Einerseits hatte die Kirche sie

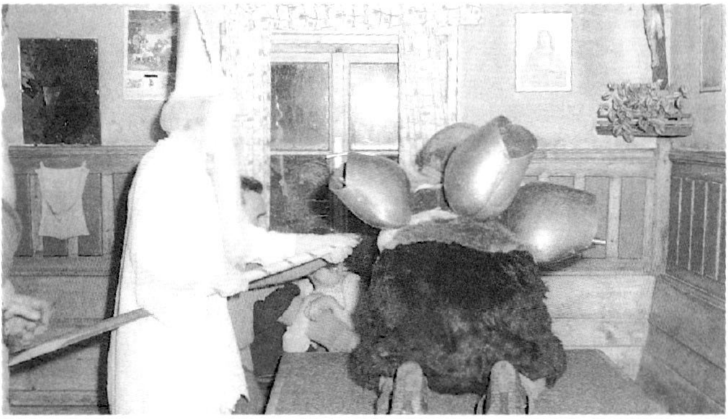

Glaubauf, Zedlach in Osttirol, 1967
(Foto: Helmut P. Fielhauer)

als Kultinstrument akzeptiert, andererseits waren sie gerade noch genug Apotropaion, Amulett oder Talisman, um alten Vorstellungen zu entsprechen.

Die Traditionen der Zauber- und Amulettglocken sind ziemlich gut überschaubar. Die wichtigste Überlieferung führt in den afroasiatischen Raum, vor allem nach Ägypten, wo in den Jahrhunderten vor Christus Glöckchen als Amulett allgemein üblich waren. Ihre Aufschriften identifizieren sie als nützlich, um die Dämonen abzuwehren und die Götter herbeizurufen. Die Glöckchen, die vom Mittelalter bis ins 18. Jahrhundert oft die Kleider zierten und heute noch auf Narrenkappen und Narrengewändern zu finden sind, mögen wohl modisches Beiwerk gewesen sein, fußen jedoch, vor allem jene der Narren – auch der Fasching wird als Ende und Anfang des bäuerlichen Arbeitsjahres interpretiert – auf den alten Überlieferungen.

Nach gleichfalls antiker Tradition, die angeblich auf den griechischen Philosophen und Naturforscher Theophrast (372–278) zurückgeht, wurden Zauberglöckchen angefertigt, für die alle Metalle verwendet wurden und für deren Guß „alle Planeten in Conjunction" stehen mußten. Einem gewissen „Caspar Thym von Augspurgischer Confession und Pfarrer von Gerstorff" soll so ein Guß gelungen sein. Der Klang dieses speziellen Glöckchens konnte alle Berggeister zwingen, zu erscheinen und dem Gießer zu Willen zu sein.

Als modernes Apotropaion bannt die Gauß'sche Glockenkurve – so hofft man – die Irrtümer der Statistik, sofern dies im Sinne der Interpreten liegt. In einem Koordinatensystem dargestellt, zeigt die Gauß'sche Glockenkurve, die der König der Mathematik, Carl Friedrich Gauß (1777–1855), im Zuge der Entwicklung der Wahrscheinlichkeitsrechnung fand, Fehlerhäufigkeit und Fehlerstreuung der statistischen Messungen an.

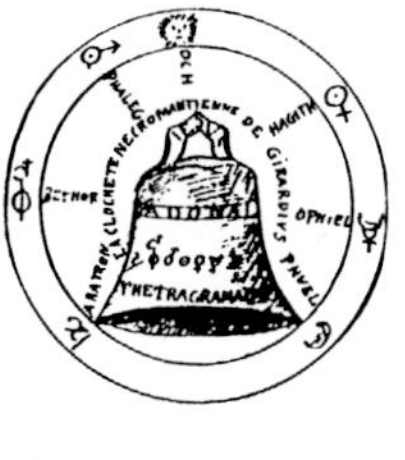

Magische Beschwörungsglocke. Französisches Zauberbuchmanuskript, 18. Jh.

Jehanne Pâris,
Esmeralda dans les Tours de Notre-Dame de Paris,
Salons de Paris, 1927

„Die Erde rotierte, doch der Ort, wo das Pendel verankert war, war der einzige Fixpunkt im Universum."
(Aus: Umberto Eco: Das Foucaultsche Pendel. München, Hanser 1989)

Kling Klang Gloria

Gäbe es einen Punkt, von dem aus alle Glocken der Erde zu hören wären, wäre des Geläutes, Geklingels, Geschelles kein Ende. Nicht allein der Zeitverschiebung wegen, die Kirchenglocken, je weiter man nach Osten oder Westen geht, dreimal des Tags versetzt zum Ave läuten läßt, sondern deshalb, weil der Anlässe so viele sind: in Kirchen und Tempeln, in Amtsstuben und Schulen, an Tür und Tor, zum Aufwachen und zum Schlafengehen, zum Leben, zum Sterben, bei Wasser-, Feuer-, Feindesnot...

Der Punkt sollte zu finden sein: Denken Sie sich die Spitzen aller Glockentürme, Kirchen und Dome durch imaginäre Linien verlängert, die in der Unendlichkeit aufeinandertreffen. Und denken Sie sich an diesem Punkt DIE GLOCKE befestigt, vergleichbar dem Befestigungspunkt des Pendels, mit dem J. B. Léon Foucault 1850/51 die Rotation der Erde zu demonstrieren versuchte, was ihm ja auch gelungen ist. Dann läutete DIE GLOCKE an Stelle des Pendels die Bewegung der Erde... Die Metapher ist nicht unberechtigt. Die Glocken läuten seit Menschengedenken zu jenen Ereignissen, die die Welt im Guten oder Bösen bewegen. Mit Glocken wurde Politik, wurde Geschichte gemacht, wurde weltlicher und religiöser Alltag reglementiert. Es mag oft nur das trügerisch wohlklingende Geläut gewesen sein, raffiniert zusammengestellt nach den Regeln der Harmonie, das Politik und Reglement vergessen oder überhören ließ.

„Einen Laut gab es", schreibt der niederländische Kulturhistoriker Johan Huizinga 1919 in seinem Buch „Herbst des Mittelalters", „der das Getöse des geschäftigen Lebens immer wieder übertönte und der alles vorübergehend in die Sphäre des Geordneten emporhob: Die Glocken. Die Glocken waren im täglichen Leben wie warnende gute Geister, die mit vertrauter Stimme bald Trauer, bald Freude, bald Ruhe, bald Unruhe verkündeten, bald zusammenriefen, bald ermahnten, man kannte sie mit ihren volkstümlichen Namen: die dicke Jacqueline, Glocke Rolant; man wußte, was das Anschlagen bedeutete und was das Läuten bedeutete. Man war trotz des übervielen Glockengeläutes nie abgestumpft gegen ihren Klang."

Sie hören die Glocken nicht mehr?

Oder nur selten?

Hören Sie jetzt besser, öfter?

Nun, vielleicht haben ungehaltene Nachbarn – tempora mutantur – das Geläute der Kirchenglocken als störend empfunden und bei Gericht dagegen Klage geführt. Ungerührt vom Wohlklang entschied der Oberste Gerichtshof gegen die Glocken und verhielt die Kirchenbehörden, bei Läutordnungen darauf Bedacht zu nehmen, daß die Ruhe nicht gestört werde. Und die Juristen schreiben seitenweise trockene Abhandlungen darüber, ob bei der Klage gegen die Kirchenglocken der Zivil- oder der Verwaltungsrechtsweg einzuschlagen sei.

Trotzdem hat auch unsere Zeit ihre Glocken: Die Klingel, mechanisch oder elektrisch betrieben, mag zur Not durchaus als Glocke gelten. Hat sie doch wesentliche Funktionen der Glocke als Signal- und Kommunikationsmittel übernommen und erzeugt den Schall auf ähnliche Weise: Ein hohler, meist konkav gewölbter, aus Metall verfertigter Klangkörper wird durch Anschlagen mit einem meist gleichfalls metallenen Klöppel zu Eigenschwingungen angeregt. Die Klingel ist wegen ihrer leichten Handhabung und ihrer steten Verfügbarkeit viel mehr als die Glocke, deren Gebrauch bis auf Ausnahmen Befugten vorbehalten war, Allgemeingut geworden, ein Zeichen der Zeit, ein Zeitzeichen, gegen das allerdings kaum jemand Klage führt.

Oder doch?
Entschuldigen Sie, das Telefon läutet...

Muße und Arbeit, Intimität und Öffentlichkeit haben eine andere Qualität erhalten. Und so manchem mag die Kultur des modernen Signal- und Kommunikationsinstrumentes inzwischen als Unkultur erscheinen, wobei die Unkultur im Sinne der Kulturforscher freilich schon wieder Kultur wäre. Pessimismus erscheint jedoch nicht unbedingt erforderlich. Denn die Kulturforscher sehen Kultur als einen dynamischen Prozeß, in dem die Werkzeuge – und letztlich sind auch Glocke und Klingel Werkzeuge – die Menschen verändern und die Menschen die Werkzeuge; „diese Wechselwirkung von Gebrauch und Aneignung“ ist „dafür entscheidend, wie der Mensch arbeitet und folglich lebt“ (Helmut P. Fielhauer). Da besteht allemal noch die Chance auf Veränderung...

Die Gleichsetzung von Glocke und Klingel greift allerdings zu kurz. Als kulturelles Phänomen kommt der Glocke ungleich größere Bedeutung zu. Sie ist nicht nur Signalinstrument und Kommunikationsmittel, sondern sie hat Rechtscharakter, ist Kultgerät, Apotropaion, Kunstwerk, beseeltes Ding, Musik, Symbol...

Vielleicht kämen kritische Forscher von heute zu einer anderen Beurteilung der Glocken als J. Huizinga – schon etliche Fromme davor fanden das ewige Läuten von früh bis spät in die Nacht übertrieben (Casalius, De vitibus, 1618); ein damals wie heute gültiges Verständnis von Glocke läßt sich keinesfalls leugnen.

Als sich Quasimodo, einäugig, bucklig, taub und ohne Sprache „zum ersten Mal gedankenlos an das Glockenseil hing und dadurch die Glocke in Bewegung setzte, da hatte sein Adoptivvater Claude den Eindruck, die Zunge des Knaben habe sich gelöst und er fange an zu sprechen“, schreibt Victor Hugo 1831 in „Notre Dame de Paris, 1482“, in jenem der Romantik verpflichteten Roman, wo anhand der Geschichte des unglücklichen Glöckners mittelalterliches Lebensgefühl nachempfunden wird.

„I bin wia a Glocken, die 24 Stund läut'“,
singt Marianne Mendt in den siebziger Jahren.

Menschenstimme.

Gottes Stimme.

So kann denn auch der österreichische Kulturhistoriker Friedrich Heer (1916–1983) allgemeines Verständnis voraussetzen, wenn er von „Glockeneuropa“ spricht und jenen Rechts- und Ordnungsraum meint, der sich trotz zahlreicher Gegen- und Unterströmungen als „christliches Abendland“ unter dem Herrschaftszeichen der Glocke konstituierte. Glocken läuteten zwar auch in anderen Ländern, vielfach schon zu einer Zeit, als in Europa noch nicht der leiseste Ton vom christlichen Abendland kundtat, aber nirgendwo sonst auf der Welt – betrachtet man sie aus der Vogelschau – reiht sich Turm an Turm, Dom an Dom wie in Europa. Im Glockeneuropa hatten die in anderen Erdteilen üblichen Glockensubstitute, Holzklappern, Gongs, Hörner, Trompeten, nur untergeordnete Bedeutung. Das – auf wessen Kosten? – reich gewordene christliche Abendland konnte sich die teuren Glocken schließlich leisten.

Die Bezeichnung „Glockeneuropa“ steht für Haltungen, Normen und Werte, die von der Glocke und denen, die die Glocken klingen ließen, geprägt wurden und die sich in anderen Kulturen kaum oder nur in Ansätzen auf dieselbe Weise wiederfinden. Napoleon Bonaparte (1769–1821), durchaus nicht kleinlich, wenn es der Durchsetzung seiner Interessen galt, hat die Glocken nicht umsonst als eines der „vorzüglichsten Mittel der Gesittung des Menschen“ bezeichnet.

Glockengeläute rührt tief drinnen an, wie Kerzenschein und Weihnachtsfrieden, Vaterland und Heimattreue. Die Zeit hat uns gelehrt, damit vorsichtig umzugehen und so manches zu hinterfragen, was einst als gegeben und erwünscht vorausgesetzt wurde.

„Am Abend, wenn die Glocken Frieden läuten,
folg ich der Vögel wundervollen Zügen,
die lang geschart gleich frommen Pilgerzügen
entschwinden in die herbstlich klaren Weiten."

(Georg Trakl, 1887–1914)

Georg Trakl hat am 3. November 1914 nach der Schlacht von Grodek im Garnisonsspital von Krakau durch eine Überdosis von Betäubungsmitteln seinem Leben ein Ende gesetzt.

„Ich rufe die Jugend der Welt." Glocke der Olympischen Spiele 1936 mit dem Glockenturm, 76 m, dem olympischen Wahrzeichen am Reichssportfeld in Berlin (Foto: Friedrich Dürler)

Chronologie des Krieges

Die 1942 zerstörten Glocken der Marienkirche in Lübeck in der Gedenkkapelle

„Dieser Superfurz übertönt alle Siegesglocken“, notierte Bertolt Brecht im September 1945 in sein Arbeitsjournal. Am 8. Mai 1945 hatte das Deutsche Reich kapituliert, am 6. August 1945 war die erste Atombombe auf Hiroshima gefallen, am 9. August 1945 die zweite auf Nagasaki. Brecht arbeitete an dem Schauspiel „Leben des Galilei“.

22. Juni 1633
„Man erwartet, daß Herr Galilei um fünf Uhr in einer Sitzung der Inquisition widerrufen wird. Die große Glocke von Sankt Markus wird geläutet und der Wortlaut des Widerrufs öffentlich ausgerufen werden.“ (B. Brecht: Leben des Galilei, 13)
Die Glocke von Sankt Markus dröhnte. Galilei, der Vater der neuen Physik, der entdeckt hatte, daß die Erde um die Sonne läuft, widerrief. Wenn er standhaft geblieben wäre, was wäre geschehen? Wären die Wissenschaften vor dem Mißbrauch durch Machthaber bewahrt und nur zum Wohle der Menschen

angewendet worden? Die Frage ist müßig... Plötzlich gab es – die Naturwissenschafter hatten mehr als 300 Jahre Zeit gehabt, an Galileis Entdeckung zu feilen und Wissen auf Wissen zu häufen – einen teuflischen Laut, der alle Glocken übertönte und alles bis auf weiteres aus der Sphäre des Geordneten riß. Die Atombombe von Hiroshima forderte 200.000 Tote, 100.000 Verwundete, und Unzählige, die heute noch an den Folgen leiden.
Zur Erinnerung und Mahnung ertönt im Friedenszentrum von Hiroshima (erbaut 1949–1956) die Friedensglocke. Humaner wäre freilich gewesen, den Frieden vor dem Abwurf der Bomben zu läuten, wiewohl das Läuten der Glocken den Abwurf kaum verhindert hätte. Denn als Adolf Hitler seinerzeit 1936 die Jugend der Welt im Zeichen des Friedens zu den Olympischen Spielen nach Berlin rief und als Symbol der Spiele und des Friedens an die Teilnehmer kleine Glocken aus Porzellan verteilen ließ, war dies nur der Auftakt zu jenem schrecklichen Krieg, an dessen Ende Hiroshima und Nagasaki standen.

11. März 1938
Der österreichische Bundeskanzler Kurt Schuschnigg hält seine Abschiedsrede im Rundfunk: Kein militärischer Widerstand gegen den Einmarsch der deutschen Truppen... In der Nacht vom 11. auf den 12. März läuten die Salzburger Glocken.

14. März 1938
Gegen 17 Uhr trifft Adolf Hitler in Wien ein. Auf seiner Fahrt von Schönbrunn zum Hotel Imperial läuten über Anordnung des wegen seiner damaligen Haltung umstrittenen Erzbischofs Kardinal Theodor Innitzer die Kirchenglocken. Erzbischof Josef Schoiswohl (1901–1990), damals Domkurat zu St. Stephan, erinnert sich: „Ich möchte sagen, man hat ein ungutes Gefühl dabei gehabt. Es war die Anordnung, die er getroffen hatte, von sich aus hätten die wenigsten von den Wiener Pfarren, von den österreichischen Pfarrern, die Kirchenglocken läuten lassen. Ganz bestimmt." (Aus: 3. Folge der Sendereihe „Sie haben uns Österreich besetzt – Zeugen und Dokumente", Radio Niederösterreich, 10. 3. 1988)

10. April 1938
Österreich empfängt den „Führer" mit „Glockentönen":
„Um 20 Uhr beginnt die große Schlußkundgebung in Wien. Nach der Rede des Führers wird das Niederländische Dankgebet gesungen. Bei den Worten des dritten Verses: 'Herr, mach

uns frei!' sollen in ganz Deutschland einschließlich Österreich die Glocken aller Kirchen und Religionsgemeinschaften zu einem feierlichen Geläut einsetzen. Ich gebe der Erwartung Ausdruck, daß von dort aus die entsprechenden Anweisungen für das Glockengeläute gegeben werden." (Aus: Schnellbrief des Reichsministers für die kirchlichen Angelegenheiten in Berlin betreffend Anordnung des Glockengeläuts am Vorabend der Volksabstimmung vom 10. April 1938, 30.3.1938) Die neuen Machthaber benötigten die Glocken bald auch für andere Zwecke:

1. Oktober 1939
„Heute brachte mir Bürgermeister J. Schreier das Läuteverbot; als Begründung wird angeführt, daß, um die Sicherung des Fliegeralarms zu erreichen, die Glocken nur ausschließlich diesem Zweck zu dienen haben. Das Volk hat dafür freilich wenig Verständnis." (Aus: Kirchliche Dorfchronik von Flaurling, Tirol)

15. März 1940
Reichsmarschall Hermann Göring ordnet, „um die für die Kriegsführung auf lange Sicht erforderliche Metallreserve zu schaffen", die Ablieferung der „Glocken aus Bronze" an. Die Glocken wurden in Kategorien eingeteilt: Kategorie A erfaßte die jüngeren Glocken ohne besondere Signifikanz; den Kategorien B und C waren ältere Glocken (bis ins 17. Jahrhundert zurück) zugeordnet; in die Kategorie D fielen die wertvollen, „uralten" Glocken. Die D-Glocken konnten auf jeden Fall am Turm verbleiben, während B- und C-Glocken abmontiert und in Lager verbracht wurden. A-Glocken wurden sofort nach der Abnahme zerschlagen und eingeschmolzen. Derart wurden etwa zwei Drittel des damaligen Glockenbestandes vernichtet.

13. Februar 1945
Als der Krieg schon fast zu Ende war, zerstörten britisch-amerikanische Bomber Dresden. Seither läuten alljährlich um 21 Uhr 45 alle Glocken Dresdens das Gedenken des Todes jener, die bei der sinnlosen Vernichtung der Stadt ihr Leben verloren haben.

Im Zweiten Weltkrieg fielen 27 Millionen Soldaten, kamen 25 Millionen Zivilpersonen ums Leben und blieben 3 Millionen Menschen vermißt. Im Zweiten Weltkrieg wurden die Glocken zu Kanonen umgegossen.

28. April 1952
Sieben Jahre brauchte es, bis der Bundeskanzler Leopold Figl von der Wiederherstellung einer Glocke reden konnte, die zwar als A-Glocke am Turm hatte bleiben dürfen und trotzdem der Vernichtung durch den Krieg anheimgefallen war:

Die „Pummerin"
Gewicht zirka 20.000 kg – gegossen 5. September 1951
(Foto: Interpressbild Alfred A. Grüll)

„Umso größer war unser aller Entsetzen, als wenige Tage später, am 12. April 1945, aus dem Stephansdom Feuerschein aufleuchtete. Der Dom brannte, sein Dach stand in hellen Flammen, und dicke Rauchwolken umhüllten das herrliche, das stolze Wahrzeichen Wiens. Die Kriegsfackel hatte das Heiligtum der Wiener erfaßt, und Kunstwerke unschätzbaren Wertes wurden ein Raub der Flammen. Die wenigen Menschen, die sich auf die Straße wagten und Zeugen dieses tragischen Ereignisses wurden, waren zutiefst erschüttert und konnten sich der Tränen nicht erwehren ob dieses Zerstörungswerkes.
In diesen grauenvollen Stunden, heraufbeschworen von menschlicher Zügellosigkeit, die sich im Amoklauf eines verbrecherischen Krieges an Schreckenstaten nicht genug tun konnte, zerschellte auch jene große, aus geschichtlich denkwürdigen Zeiten Wiens stammende Glocke, die als gewaltig tönende Mahnerin im Volksmund den Namen ‚Pummerin' trägt. Diese Glocke war nun stumm geworden, und ihr Schweigen war wie ein sinnvolles Zeichen der Trauer des Himmels und der tiefen Scham aller friedlichen Menschen über die Entsetzlichkeit eines Krieges, der sechs Jahre hindurch die sittliche Ordnung der Welt erschütterte und die Menschheit in ihrer Würde geschändet hat.
Wie eine schwere Last der Schuld lag das Schweigen der Pummerin auf dem Gewissen und auf den Herzen der Menschen. Und so konnte es auch nicht ausbleiben, daß sich in ihnen die Opferbereitschaft regte, wiedererstehen zu lassen, was uns in verhängnisvollen Tagen an Kostbarem verlorengegangen war.
So ist die Glocke in dieser Stunde wieder bei uns, und in der gleichen Stunde steht auch wieder der Dom bereit, uns in seine neue Herrlichkeit aufzunehmen... Nunmehr wird die Pummerin aus Oberösterreich weit hinaus ins Land verkünden, daß der Stephansdom wieder vollendet ist."
(Leopold Figl: Aus der Rede anläßlich der Wiederherstellung des Stephansdomes am 28. 4. 1952. In: Reden für Österreich, Wien, Europa Verlag 1965)

24. Oktober 1950 bis 3. Oktober 1990
Am 24. Oktober 1950 läutete die Freiheitsglocke am Schöneberger Rathaus zu Berlin die Befreiung von einem faschistischen Regime und die Freiheit der Besetzung durch die Siegermächte ein. Es gibt viele Freiheiten – und die Freiheit des einen ist nicht immer die Freiheit des anderen.

Die Schöneberger Freiheitsglocke war ein Geschenk der Amerikaner. Sie ist der Liberty Bell von Philadelphia nachgebildet

23. Oktober 1950, Montage der Freiheitsglocke auf dem Schöneberger Rathausturm in Berlin

(Foto: Landesbildstelle Berlin)

und wurde nach Entwürfen eines New Yorker Konstrukteurs in Croyden bei London 2,40 Meter hoch gegossen. Ein Relief zeigt fünf Menschen, die mit Fackeln in den Händen einen Kreis bilden. Am Rand sind die Worte Abraham Lincolns (1809–1865) zu lesen: „Möge diese Welt in Gott die Geburt des Friedens erleben."

Vierzig Jahre hindurch verkündete die Freiheitsglocke, die eine Friedensglocke sein sollte, dann täglich über RIAS Berlin den Kalten Krieg, bis sie am 3. Oktober 1990 den Tag der deutschen Einheit begrüßte.

Das Prinzip der Mächtigen

Den Mißbrauch der Glocken haben allerdings nicht die Machthaber des Dritten Reiches erfunden. Seit man im 15. Jahrhundert dazu übergegangen war, Geschütze nicht mehr aus Eisen, sondern aus Bronze zu gießen, waren die Glocken in ihren Türmen nicht mehr sicher. Das wahrscheinlich erste Beispiel dieser Art „patriotischer Kriegsmetallsammlung" gab Fürst Friedrich I. von Brandenburg, dessen Geldnot im Jahr 1414 so groß war, daß er, um sich den „nötigen Kriegsapparat" gegen den märkischen Adel zu verschaffen, aus den Glocken der Marienkirche in Berlin „Büchsen" (Kanonen) gießen ließ. Das schlechte Gewissen drückte ihn allerdings noch auf dem Sterbebett, und er beauftragte in seinem Testament seine Söhne mit der Wiedergutmachung.

Es würde zuviel Raum brauchen, um alle Kriege aufzuzählen, in denen sich die Landesherren an den Glocken vergriffen, um ihre vaterlandsbegeisterte Jugend in den Tod zu läuten. Nicht umsonst hat der deutsche Dichter Ernst Moritz Arndt (1769–1860) den Geschützdonner metaphorisch das „Geläute des Todes aus Kanonen" genannt.

> *„Bereits im Ersten Weltkrieg 1914–1918 wollte man die Glocke zur Herstellung von Kanonen einschmelzen. Doch nachdem die Glocke vom Turm abgeseilt und für den Abtransport am nächsten Tag hergerichtet war, haben beherzte Brandenberger die Glocke unweit der Kirche in der Nacht vergraben, und erst nach dem Kriegsende konnte man erfahren, wo die Glocke ist.*
> *Im Gemeinderatssitzungsprotokoll vom 6. 6. 1915 ist geschrieben zum Minist.Erlaß f. K. u. U. vom 21. 5., Zl. 1123: Bei der heutigen Gemeinderatssitzung wurde über Auftrag der f. e. Erzdiözese Salzburg vom 2. 6. 1915, Zl.2742, betreffs freiwillige unentgeltlich Abgabe von Kirchenglocken für Kriegszwecke erwidert, daß sämtliche Kirchenglocken unentbehrlich sind. Von der hiesigen Gemeinde wurden die vorhandenen Kirchen-Pauken aus Kupfer gewidmet.*
> *Im Zweiten Weltkrieg 1939–1945 wurde dem Pfarramt Brandenberg mit Schreiben vom 12. 2. 1942 mitgeteilt,*

daß durch die Anordnung des Beauftragten für den Vierteljahresplan vom 15. 3. 1940 alle Bronzeglocken beschlagnahmt sind und die Kreishandwerkerschaft Kufstein mit der Abnahme der Glocken beauftragt worden ist. Soferne für die Bronzeglocken keine Freistellungsbescheinigung vorgelegt werden kann, wird sich der beauftragte Zimmermeisterbetrieb Johann Gwiggner in Wörgl zwecks Abnahme der Glocken bis zum 16. 2. 1942 jener in Aschau und bis zum 28. 2. 1942 jener der Pfarrkirche und beim Friedhof mit dem Pfarramt Brandenberg in Verbindung setzen.
Die Glocken wurden dieser Anordnung entsprechend abgebaut und auf Pferdeschlitten zum Montanwerk nach Brixlegg gebracht. Ein Hoffen begann, und ich, damals knapp acht Jahre alt, hoffte mit, daß die Glocken nicht eingeschmolzen werden...“

(Aus: Ludwig Rupprechter: Chronik Brandenbergtal, 1985, S. 59 f.)

Selbstverständlich waren Glocken auch eine begehrte Kriegsbeute. Es war altes Kriegsrecht, daß die Glocken der Unterlegenen dem Sieger gehörten. Dieses Recht wurde erst durch die (allerdings nie ratifizierte) Brüsseler Deklaration von 1874, die der erste Versuch einer umfassenden Kodifikation des Landkriegsrechtes war, und durch die darauf folgende Haager Landkriegsordnung im Rahmen der „Haager Friedenskonferenz zur Sicherung des Friedens in Europa“ (1899 und 1907)

Brandenberg in Tirol

aufgehoben. Napoleon Bonaparte konnte daher bei der Eroberung von Danzig 1807 das „Glockenrecht" geltend machen und sich die Glocken der Stadt durch eine beträchtliche Summe ablösen lassen, die er unter seine Soldaten aufteilen ließ. So wird verständlich, daß in Kriegszeiten die Glocken oft vergraben oder in Gewässern versenkt wurden, wovon viele Sagen berichten.

Umgekehrt wurden erbeutete Kanonen auch wieder zu Glocken. Die alte Pummerin von St. Stephan in Wien zum Beispiel wurde 1711 unter Kaiser Joseph I. vom k. k. Stückgießer Johann Aichammer (Aichhammer) aus 180 erbeuteten Türkenkanonen gegossen; sie soll damals die drittgrößte aller bekannten Glocken gewesen sein. Auch die Maria Saaler in Kärnten profitierten von der Beute aus dem Türkenkrieg. 1699 erhielten sie auf Fürsprache des Grafen Orsini-Rosenberg von ihrem Kaiser Leopold I. 30 Zentner Türkenkanonen, aus denen 1687 im „landschaftlichen Gießhaus" in Klagenfurt von Matthias Landsmann die „Maria Saalerin", heute eine der ältesten Glocken Österreichs, gegossen wurde. Ob Kaiser Joseph II. wohl diese Metamorphosen meinte, als er später die Glocken die „Artillerie der Geistlichkeit" nannte?

Wichtig in Kriegszeiten war freilich auch, wer das Verfügungsrecht über die Glocken hatte. Der Feind, zu dessen Bekämpfung die Sturmglocken zusammenriefen, mußte da nicht unbedingt von außen kommen, sondern konnte auch im Lande sitzen. Als die Bauern zu Beginn des 16. Jahrhunderts den Aufstand gegen die allzu unmäßigen Grundherren versuchten, war es für sie wichtig, über ein für alle verständliches Signal zu verfügen, das ihre Anhänger zusammenrief. Sie bemächtigten sich daher – in den Augen der Grundherren widerrechtlich – der Sturmglocken. Nachdem der Aufstand niedergeschlagen worden war, wurden genaue Ermittlungen gegen die Urheber des Sturmläutens geführt, die einzelnen Fälle minutiös überprüft und Anstifter wie Ausführende bestraft. In die Unterwerfungsverträge, die den Aufständischen vorgeschrieben wurden, wurden eigens Artikel über das Glockenläuten aufgenommen. Den Bauern wurde bei Strafe an Leib und Gut verboten, künftig eine Gemeinde einzuberufen, eine Versammlung abzuhalten oder eine Sturmglocke anzuschlagen.

Der Kampf um die Glocken zieht sich durch die Geschichte: In der Revolution von 1848, als auch die Wiener sich gegen den Absolutismus erhoben und ihre Rechte einforderten, ließ der

Rat von Wien die Glocken von St. Stephan bewachen. Freilich mit wenig Erfolg, wie die Tagebuchaufzeichnungen des Herrn Dr. Anton Schütte aus Deutschland, einer der merkwürdigsten und schillerndsten Persönlichkeiten der Wiener Revolution, der einerseits Zugang zu Fürst Metternich und Erzherzog Johann hatte, andererseits sich als Journalist und Redner in der „Gesellschaft der Volksfreunde“ mit revolutionären Ideen zur Lösung der Arbeiterfrage hervortat, was ihn beinahe den Kopf gekostet hätte, authentisch berichten:

„Der 6. Oktober. (11 Uhr.) Unterdeß ertönte in der ganzen Stadt die Allarmtrommel und zahllose Schaaren unbewaffneten Volkes drängten schreiend und tobend in die Stadt, wo dann nach wenigen Augenblicken die Sturmglocke erscholl... Gegen 1 Uhr stellten sich die Nationalgarden des Kärthner und Wimmerviertels am Stephansplatz auf, um das Sturmläuten auf dem Thurme des Domes zu verhindern. Das Volk gab darüber durch Pfeifen und Zischen sein Mißfallen zu erkennen, weil die Garden der genannten Bezirke im Geruche des Schwarzgelbthums standen...

31. Oktober. Auf der Universität sammelten sich die Schaaren und begehrten Weisung vom Studenten-Comite... Der Rest des demokratischen Freicorps erschien gleichfalls, und der Kommandant dieser Truppe, der es erst den letzten Tag geworden war, verlangte vom Studenten Comite eine schriftliche Weisung, daß er die Sturmglocke läuten lassen dürfe. Das Comite erklärte, daß es keine weiteren derartigen Befehle mehr ertheilen könne, indem die Capitulation geschlossen sei. Der Commandant aber erwiederte aufgeregt: ‚Wenn auch Ihr uns schon verlaßt, und Schwarzgelb und Feige geworden seid, so werden wir uns selber zu helfen wissen.‘ Er marschierte hierauf mit seiner Colonne am Stephansplatz, und bald darauf ertönte in schauerlichen Tönen die Sturmglocke von St. Stephansthurme als das Zeichen zum Beginn des Kampfes...“

Dieses letzte Aufgebot hat auch nichts mehr genützt.

Knapp hundert Jahre später hatte selbst noch Hermann Göring gute Gründe, jeweils eine Glocke in den Kirchtürmen zu belassen und sich mit den Pfarrherren um die Glockenbenutzung zu streiten.

Die Gußkunst

Da Kanonen aus Glocken und Glocken aus Kanonen gemacht wurden, war es vorteilhaft, die Herstellung in einer Hand zu vereinen. Die Glockengießer wurden daher gleichzeitig zu Stückgießern, die Kanonen anfertigten: „Die Herrschaft des Gebiets zwischen den oberpfälzischen Städten Neuburg v. W. und Rötz wurde im 15. Jahrhundert von den bayrischen Herzögen erworben, welche diese durch einen Pfleger verwalten ließen... Der erste dieser Pfleger war zugleich Büchsenmeister, und war es eine zu jener Zeit rühmliche Eigenschaft, daß der Mann in der Herstellung und Handhabung der Feuergeschütze

Karl Josef Geiger († 1905), ein Glockengießer zeigt eine aus der Gußgrube herausgehobene Glocke, um 1841
(Bildarchiv der ÖNB)

erfahren war, denn die Pfleger waren ja die Befehlshaber der Ortsverteidigung; merkwürdig ist aber, daß der Herr Amtspfleger zugleich auch Glockengießer war. In dem Turme des Dorfes Fuhrn b. K. hängt nämlich eine alte Glocke mit folgender Inschrift: Heinrich puxenmaister pfleger zu recz + + + O+rex+gloriae+veni+pace. Anno Domini MCCCCXCVII + ." (P. Wikterp)

Bevor die Bronzekanonen aufkamen, war es freilich anders. Die Kunst des Glockengießens wurde in den Klöstern gepflegt; es scheint aber im 8. und 9. Jahrhundert bereits umherziehende Glockengießer gegeben zu haben. Einige waren allerdings – so berichten die Chronisten – mehr auf Gewinn als auf die Ehre des Handwerks bedacht. Schon zwischen 734 und 738 soll ein Wandergießer seine Auftraggeber betrogen haben, indem er von dem für den Guß der Glocke der Michaelskirche zu Fontanelle hinreichend gelieferten Metall einiges zur Seite brachte, wodurch die Glocke nicht vollkommen geriet. Es gab aber auch Künstler unter diesen Wandergießern, wie etwa Tanco, den Mönch von St. Gallen, dessen Werk, die Glocke zu Aachen, sogar die Bewunderung Kaiser Karls des Großen hervorrief.
Vor allem die Benediktinermönche waren jahrhundertelang tüchtige Glockengießer und liehen ihre Meister an andere Klöster und an Fürsten aus, um die Kunst des Gießens zu lehren. Der Abt Gozbert von Tegernsee († 1000) holte sich den Glockengießer Adalric von Freising. Timo, später Erzbischof von Salzburg, soll um 1100 in Niederaltaich die Gießkunst erlernt und an die Salzburger Mönche weitergegeben haben; leider steckten sie dabei dann ihre Kirche in Brand, was freilich urkundlich nicht belegt ist...
Aus der „Schedula diversarum artium" des Theophilus Presbyter aus dem ausgehenden 11. Jahrhundert wissen wir, wie damals Glocken gegossen wurden. Glocken aus dieser Zeit – die älteste aus dem 8./9. Jahrhundert mit der charakteristischen Bienenkorbform steht in den Vatikanischen Museen – werden nach dem Verfasser des Kunsthandwerklehrbuchs von den Fachleuten „Theophilusglocken" genannt.

Die Glockengießer arbeiteten nach dem Verfahren der „verlorenen Form", einem Wachsausschmelzverfahren, bei dem die Glockenform jedesmal neu angefertigt werden mußte. Diese Technik ist, da es sich bei den Glocken ja jeweils um Einzelstücke handelt, mit wenigen technischen Verbesserungen bis heute gültig geblieben:

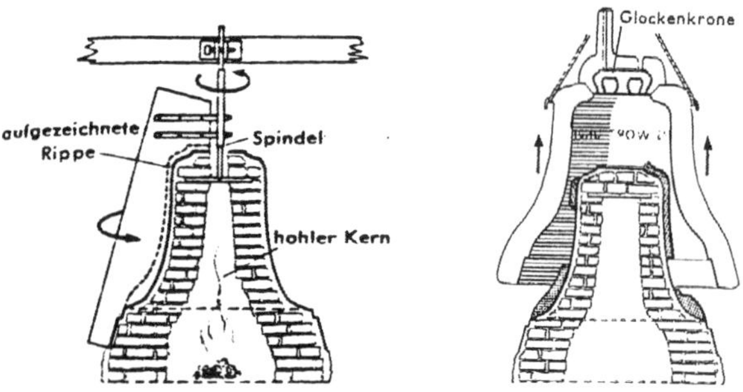

Links: Abformen der Modellglocke.
Rechts: Abheben des Glockenmantels (dabei wird die Modellglocke vom Kern entfernt)
(Aus: Meyers Enzyklopädisches Lexikon)

Beim modernen Glockenguß wird mit Hilfe einer Schablone für die Glockenform ein „Kern" aus Lehmsteinen gemauert, der innen hohl bleibt und außen fein verputzt und mit Wachs überzogen wird. Die Außenseite des Kerns formt die Innenseite der Glocke. Nun wird als „falsche Glocke", deren Gestalt und Verzierung völlig der künftigen Glocke entsprechen muß, Lehm auf den Kern aufgetragen und gleichfalls dünn mit Wachs überzogen. Sodann wird – wiederum aus Lehm – der dicke „Mantel" herumgelegt. Ein stetiges Feuer im Inneren des Mantels trocknet in etwa zwei Monaten Kern, falsche Glocke und Mantel. Dabei schmelzen die Wachsschichten ab, sodaß sich die Teile leicht voneinander trennen lassen. Der Mantel wird abgehoben, die falsche Glocke zerschlagen und der Mantel wieder über den Kern gestülpt. Zwischen Kern und Mantel befindet sich nun ein Hohlraum, die Glockenform, um das flüssige Metall aufzunehmen. Die so entstandene Gußform wird in der Gußgrube so weit in die Erde eingegraben, daß nur mehr der obere Teil mit der Eingußöffnung herausragt. Bei 1100 Grad Hitze wird nun im Schmelzofen aus 80% Kupfer und 20% Zinn, deren Mischung Bronze ergibt, die „Glockenspeise gekocht". Der Guß kann beginnen: „Stoßt den Zapfen aus, Gott bewahr das Haus!" Durch vorgewärmte Rinnen fließt die Glockenspeise in die Glockenform. Ist der Guß erkaltet, wird die Grube geräumt, der Glockenmantel zerschlagen und der Rohguß der Glocke vom Kern gehoben. Die Glocke wird gereinigt und erhält mit Wasser und Sand den letzten Schliff. In Notzeiten, wenn Kupfer und Zinn knapp waren, griff man auch zu Ersatzstoffen wie Eisen, aber das klangliche Ergebnis war nie recht zufriedenstellend. Erst in

neuerer Zeit lernte man, die Glockenspeise durch eine besondere Art von Gußstahl zu ersetzen, greift aber doch immer wieder lieber auf die bewährte Legierung zurück.
Neben den gegossenen Glocken gab es in der Frühzeit zusammengenagelte Glocken aus starkem Metallblech; Walahfried Strabo (808/9? – 849), Abt von Reichenau, unterscheidet „vasa productilia", aus Blech genagelte, und „vasa fusilia", aus Erz gegossene Glocken. Inzwischen sind die Glockenforscher etwas spitzfindiger geworden. Sie wollen nur die gegossenen Glocken als Glocken im engeren Sinne gelten lassen und bezeichnen geschmiedete Läutinstrumente als Schellen.

Mit dem Aufblühen der Städte und der Entwicklung der Zünfte im 12. und 13. Jahrhundert gingen die Gußprivilegien auf die städtischen Handwerker über. Die Glockengießer unterlagen dem Zunftzwang und bildeten meist mit den Stück- und Bildergießern eine eigene Zunft. Vielfach wanderten die Gießer noch immer von einem Ort zum anderen, da die Auftraggeber es vorzogen, sie unter Aufsicht zu haben; die schweren Glocken waren mit den damaligen Behelfen auch kaum vorsichtig genug zu transportieren. Der Gußofen wurde in der Nähe des Bestimmungsortes errichtet. Die Form der Glocken wandelte sich: Sie wurden schlanker und höher und erhielten die für die Gotik typische Zuckerhutform.
Im 13. Jahrhundert erlebte die Glockengießerkunst den ersten Höhepunkt. Man verstand jetzt, wesentlich größere Glocken anzufertigen und sie, dem Trend der Zeit zu Baßstimmen folgend, tiefer zu stimmen. Aus dieser Zeit stammt die berühmte Hosanna-Glocke des Freiburger Münsters, eine der ältesten Glocken Deutschlands. Meister Konrad von Wien goß 1279 die „Kleine", die heute noch, ohne ein einziges Mal umgegossen zu werden, am Nordturm der Stephanskirche hängt.
Im 15. und 16. Jahrhundert, als die Glockengießer zu Stückgießern wurden, errichteten sie teilweise feststehende Gießhütten und brachten die Gußtechnik zu noch nicht dagewesener Vollendung. Besonders angesehen war der holländische Glockengießer Gert van Wou in Kampen, der 1497 die berühmte „(Maria) Gloriosa" in Erfurt goß. Ihre Maße dienen als sogenannte „Gloriosa-Rippe" – die Glockenrippe ist der vertikale Durchschnitt der Glockenwand und bestimmt maßgeblich den Klang – auch heute noch vielen Glockengießern zum Vorbild.

Da es beim Glockenguß mehr als bei anderen Handwerken auf die Erfahrung und die Kenntnis bestimmter Wirkweisen der

Legierungen, des Schmelzvorganges usw. ankommt, hüteten die Glockengießerfamilien eifersüchtig ihre Kunstgeheimnisse und vererbten ihr Wissen nur vom Vater auf den Sohn. Da konnte es dann schon vorkommen, daß einer so vermessen wurde, „mit den Göttern um den Preis zu würfeln", eine Glocke zu gießen, die alle Kirchenglocken an Klang überträfe, wie in Gerhart Hauptmanns Märchendrama „Die versunkene Glocke" (1896). Dergleichen gottlosen Ehrgeiz pflegten die Götter jedoch zu strafen, das Werk mißlang, versank, der Künstler starb.

Der Dreißigjährige Krieg (1618 – 1648) hat nicht nur viele Glocken zerstört, sondern ließ an vielen Orten die Glockengießertradition abreißen, so daß die Glocken der Barockzeit sich mehr durch ihre Größe und Zier als durch ihren Klang auszeichneten. Denn allzu reiche plastische Gestaltung ist dem Klang nicht zuträglich.
Im 16. und 17. Jahrhunderte brachten lothringische Wandergießer, die vor allem in Süddeutschland und Österreich arbeiteten, eine neue Form der Glockenrippe mit. Die Glocken wurden leichter, behielten aber ihre Tonhöhe bei. In Österreich begann um diese Zeit Krems als Gußort wichtig zu werden. Um 1800 wirkte hier Meister Mathias Prininger, einer der hervorragendsten Glockengießer seiner Zeit.

Den Rekord im Glockengießen stellten die Engländer auf. Sie scheinen selbst bei den Glocken eine Art Industrialisierung vorangetrieben zu haben, wobei über die Qualität ihrer Glocken allerdings kaum etwas vermerkt wird. Die Rudall'sche Gießerei in Gloucester fertigte zwischen 1648 und 1774 nicht weniger als 3.595 Glocken an. Die Mear'sche Gießerei in London hatte um die Mitte des vorigen Jahrhunderts bereits 11 Geläute zu 12 Glocken, 27 zu 10, 172 zu 8, 73 zu 5 Glocken und 190.000 kleinere Glocken gegossen.

Auf dem Kontinent allerdings scheint die weltliche und geistliche Rüstungsindustrie nicht ganz so ausgelastet gewesen zu sein. In Tirol etwa sagten um 1650 einige der kaiserlichen Gußhütten Konkurs an und an ihre Stelle traten kleine gewerbliche Gießer, die Glocken-, Schellen- und Hafengießer, die den Guß oft nur einige Zeit des Jahres betrieben und nicht ausschließlich auf Glocken oder Kanonen spezialisiert waren, sondern Kuhglocken, Feuerspritzen, Brunnenröhren und Häfen gossen. Trotzdem stellten sie, wie die heute noch bestehende Dynastie der Graßmayr, bedeutende Glocken her.

1922 führte der Glockengießer Josef Pfundner, Gründer des noch bestehenden Glockenmuseums in Wien, die Sandgußtechnik ein, wodurch die mühselige Herstellung der Lehmform abgekürzt werden konnte.

Heute kämpfen die Glockengießereien mit Absatzschwierigkeiten. Der durch die Kriege bedingte Nachholbedarf ist längst gedeckt. Die Glockengießerei von St. Florian, in der 1952 die „neue Pummerin" hergestellt wurde, mußte 1991 Konkurs anmelden; andere haben ihre Produktpalette erweitert. Der Beruf Glockengießer wurde vom Lehrberuf „Former und Gießer" abgelöst.

„Die Glocke muß den Klöppel han, wenn sie den Schall soll von sich lahn", verzeichnete zu Beginn des 13. Jahrhunderts der mittelhochdeutsche Spruchdichter Freidank in seiner Sammlung von Sprichwörtern und Lebensweisheiten („Fridankes Bescheidenheit", hg. v. H. E. Bezzenberger, 1827). Der Klöppel oder Schwengel hat eine längliche, an der Anschlagstelle verdickte Form, ist meistens aus Eisen geschmiedet und mit einem Lederriemen im Inneren der Glocke befestigt. Gewicht und Schwungkraft müssen sorgfältig auf Form und Größe der Glocke abgestimmt sein. Früher wurde der Klöppel von den Schlossern oder Schmieden angefertigt und war gar nicht so billig. Hannsen Dürrer etwa, Hammerschmied in Steyr, erhielt 1658 „vor 2 Glockhen Klächl" für die Stiftskirche in Kremsmünster 25 Gulden, 6 Schilling und vier Pfennig. Zum Vergleich: ein Pfund Fleisch kostete damals um die 4 Pfennige. Wenn Glocke oder Klöppel einmal kaputt waren, legte gleichfalls der Schmied Hand an. „Z'samm g'macht v. Schmid. Lehrbrunn. 1615", vermerkt die Kirchenrechnung der Kirche von Altenburg, Oberösterreich. Heute gibt es raffiniertere Restaurierungsmethoden.

Die Glocke mit ihrem Klöppel mußte schließlich auf den Turm. Obwohl beim mittelalterlichen Kathedralenbau schon Flaschenzüge verwendet wurden, blieb es ein risikoreiches Unterfangen, das oft tonnenschwere Kleinod hinaufzubefördern. Die größte Glocke der Welt, der Moskauer „Glockenkaiser", 1735 aus 22 Tonnen Erz gegossen, lag 99 Jahre in der Gießgrube und gelangte auch nachher nicht auf den Turm, sondern steht mit ausgeschlagenem Rand im Kreml. Die „Maria Saalerin" wurde von 20 Pferden und etlichen 100 Personen 1688 in drei Stunden von Klagenfurt nach Maria Saal und mit Ochsenvorspann über ein langes, hohes Gerüst in den Turm gezogen. Dann hatten sie allerdings ihre liebe Not, denn die Ochsen wollten nicht mehr treppab und mußten im Turminneren geschlachtet und stückweise heruntergetragen werden.

„Nach dem StatthE. 15. April 1887, Z. 3156, ist der Glockenversicherung sowie der soliden Verbindung des Schwengels mit der Glocke bei Turmglocken die größte Aufmerksamkeit zuzuwenden und ist sich, um Unglücksfällen vorzubeugen, des öfteren von dem guten Zustande dieser Einrichtungen zu überzeugen. Im Falle der notwendig werdenden Auswechslung der im Turmmauerwerke eingelassenen Überlager ist eine vom Gehäuse unabhängige Verbindung mit dem Glockenstuhle herzustellen", legt die Niederösterreichische Bauordnung 1936 fest.

A. Romodanowskaja, Der Moskauer Kreml.
Riesenglocke (Zar Kolokol), 1955

Links und rechts: Ägyptische Glocken, ca 8./ 7. Jh. v. Chr.
(British Museum, London)
Mitte: St. Patrick's Bell, 5./6. Jh. n. Chr.
(Irish Museum, Dublin)

Ling-lüne und Forckernus

„Ling-lüne, gebürtig aus Yuene-yu gegen Abend von Ta-hia, nahm Rohr aus dem Thal Hion-ki und blies hinein, und dies gab Gelegenheit zur Erfindung der Glocken. Darauf goß Yong-yuene auf Befehl des Kaisers Hoang-ti zwölf Glocken von Kupfer, welche mit den Monden übereinstimmten und dienten, die fünf Töne zu stimmen, die Jahreszeiten festzusetzen usw.", erzählt eine chinesische Sage von der Entstehung der Glocke (H. Otte).

Die ältesten gegossenen Glocken wurden in China gefunden. Die Chinesen hatten bedeutend früher als die Europäer die Gußtechnik zur Blüte gebracht und konnten schon seit dem zweiten vorchristlichen Jahrtausend Pflugscharen, Kessel und Glocken in einer Qualität gießen, die die Handwerker der Alten Welt erst sehr viel später erzielen sollten. Über die Wege der Völkerwanderungen und der Handelsbeziehungen sind die Glocken nach Westen gelangt. Im 8. Jahrhundert v. Chr. finden wir im Hochland von Armenien kleine Bronzeglocken mit einem eisernen Klöppel, die dann über Ägypten in den Mittelmeerraum gebracht wurden. 700 v. Chr. war die Glocke den Etruskern bekannt. Die Griechen und Römer hatten Glockenzeichen für öffentliche, militärische und häusliche Zwecke. So blieb etwa die Glocke „Firmi balneatoris", des Bademeisters Firmus, aus den römischen Diokletiansthermen erhalten.

Die Glocken dienten als Behang von Mensch und Tier, als Schmuck oder Amulett, als Abschreckungs- oder Erkennungszeichen und als Signal. Man schrieb ihnen wegen ihres Klangs und auch wegen der zauberbrechenden, reinigenden und glückbringenden Kraft des Erzes magische Kräfte zu. Glocken wurden als Weihegaben gestiftet und dienten als Instrumente in den ekstatischen Kulten der Antike.

Kein Wunder, daß die frühen Kirchenschriftsteller der Glocke zunächst sehr ablehnend gegenüberstanden. Clemens von Alexandrien († vor 215) bezeichnet die Glocken als Instrumente des Irrglaubens. Johannes Chrysostomus († 407) beklagt sich, daß man den getauften kleinen Kindern Glöckchen als Amulette an den Arm bindet. Letztlich mußten die frommen Exegeten sich aber doch mit der Glocke abfinden, denn da war die Stelle im Alten Testament, wo geschrieben steht, daß Goldglöckchen am Saum von Aarons Priestergewand gewesen wären (Exodus 28, 33 und 39, 25 f.) – wahrscheinlich sind Rollschellen gemeint, die als Exorzismusglöckchen dienten. Die Kirchenschriftsteller einigten sich auf jene allegorische Deutung der Glocke, die im Bereich der Kirche bis heute gültig geblieben ist: Glocken sind ein Symbol der Verkündigung des Evangeliums durch die Apostel.

Zum Gottesdienst rufen durften die Glocken damals jedoch noch nicht. Dies hätte eine Umwelt vorausgesetzt, die den Christen freundlich gegenüberstand; die Christenverfolgungen fanden erst unter Kaiser Konstantin († 337) ein Ende. Wir wissen nicht, wann die Glocken zum ersten Mal das Zeichen zum Gottesdienst gaben. Möglicherweise begannen die Mönche Ägyptens damit. Endgültig zum „signum ecclesiae“, zum „Zeichen der Kirche“, wurden die Glocken erst mit der Ordensgründung des hl. Benedikt von Nursia (480–574?). Das scheint mir kein Zufall zu sein, denn die Verpflichtung der Benediktiner „ora et labora“, zu Gebet *und* Arbeit, machte eine strenge Tageseinteilung notwendig, die durch die Glocke geregelt werden konnte. Später, im 13. und 14. Jahrhundert, erwies sich das tönende Ordnungsprinzip auch außerhalb des Klosters als sinnvoll.

Wie aber kam die Glocke in die „Welt“?

Nun, der Bischof Irlands, der hl. Patrick (372 – 461?), ging auf Missionswanderschaft, nahm Stab, Buch und Glocke als Zeichen des Wandermönchs und -priesters mit und trug auf diese

Weise dazu bei, die Glocke zum allgemeinen Rufzeichen der Kirche werden zu lassen. Wie wichtig vor allem die Iren für die Entwicklung der Glocke waren, zeigt sich auch darin, daß der Ire Forckernus zum Patron der Glockengießer wurde. Er starb gegen Ende des 5. Jahrhunderts als Bischof von Trim und hatte – soweit wir wissen – bei seinem Kloster eine Glockengießerei eingerichtet.
Im Zuge der iro-schottischen und angelsächsischen Mission kam die Glocke auf den Kontinent, nach Deutschland und Österreich. Gregor von Tours kann gegen Ende des 6. Jahrhunderts in seiner Geschichte der Franken fast schon als selbstverständlich berichten, daß am Sonntag zur Frühmette geläutet wurde und das Volk aufstand, um zur Kirche zu kommen. Um 744 schrieb Bonifatius, als er sich abmühte, die Germanen zu bekehren, an seinen Abt in der Heimat: „Wenn du mir eine Glocke sendest, so läßt du mir in meinem Wanderleben einen großen Trost zukommen." Diese Briefstelle ist der erste Nachweis für das Wort „clocca".

Je mehr sich die Glocke aus dem Klosterbereich löste, umsomehr Aufgaben konnte sie im weltlichen Bereich übernehmen, sodaß sie allmählich bisher übliche Signalinstrumente wie Hörner, Trommeln und Holzklangbretter ersetzte. Mit der zunehmenden Zahl der Glocken stellte sich die Frage nach ihrer Unterbringung. Die ersten Kirchenglocken im weströmischen Kulturbereich waren vermutlich einfach an Balken und Giebeln oder in Dachreitern befestigt. 735 läßt der Abt von Fontanelle Glocken in einem Türmchen aufhängen, „wie es bei den Kirchen üblich ist". Nach dem Liber pontificalis setzte Papst Stefan II. († 757) auf die Petersbasilika in Rom einen Turm mit drei Glocken, deren Schall Volk und Klerus zum Gottesdienst rief. Denn der Turm ist der Resonanzkörper der Glocke und verstärkt und verschönt bei richtiger Bauweise und Aufhängung ihren Klang.

Bald gab es Glocken für mannigfaltige Zwecke. Die Consuetudines, die mittelalterlichen Brauchtumsordnungen der Klöster, die vor allem die Pflege der Liturgie betonten, enthielten zahlreiche Vorschriften, die den Gebrauch der Glocken regelten. Wir erfahren von einem kleineren („signum minor") und größeren Glockenzeichen („signum maior") sowie vom „signum classicum", dem Geläut aller Glocken an Festtagen. Von der Benediktinerabtei Cluny wissen wir, daß dort mit der genau geregelten Aufeinanderfolge von kleinen und großen Glocken die Weihnachtsmette eingeläutet wurde.

Die immer größere Anzahl von Klöstern und Kirchen, die nun im Mittelalter alle mit Glocken ausgestattet waren, erforderten vor allem in den Städten noch weitere Regelungen. Es gab Streitigkeiten, wer am Morgen zuerst läuten durfte, wobei die zeitgenössische, salomonische Entscheidung lautete: Wer zuerst aufsteht, darf zuerst zum Morgenoffizium läuten. – Vielleicht sind wir deshalb zu einem Volk von Frühaufstehern geworden? – Die bescheidenen Zisterzienser warfen den Kluniazensern unerträglichen Aufwand vor, den Bettelorden wurde eine einzige Glocke zugestanden. Das Problem, wie viele Glocken dem Rang der einzelnen Kirchen entsprächen, löste der Bischof von Mailand, Karl Borromäus († 1548), indem er für sein Erzbistum bestimmte, daß die Kathedrale mit fünf bis sieben Glocken, eine Kollegiatskirche mit drei und eine einfache Pfarrkirche mit zwei bis drei Glocken ausgestattet werden dürfte.

Die weltlichen Läuter waren etwas im Nachteil. Ihre Glockenanzahl war – schon aus finanziellen Gründen – beschränkt, oder sie mußten um die Erlaubnis zur Benutzung der Kirchenglocken ansuchen.

Nachdem sich im weltlichen Bereich moderne Signalmittel entwickelt hatten, konnte der Codex Iuris Canonici 1917 bestimmen, daß die Kirchenglocken nur in Notfällen für profane Zwecke verwendet werden dürfen. Auch das gegenwärtige staatliche Recht zählt die Glocken zu den Privilegien, die der Kirche herkömmlich zustehen. Das 1983 im Zuge weiterer Liturgiereformen überarbeitete Kirchenrecht sieht allerdings – außer der verpflichtenden Glockenweihe durch den Bischof – keine Bestimmungen über die Kirchenglocken mehr vor.

Glocken-ABC

Die gängige Gleichsetzung von Glocke = Kirche, von der die kampanologische Literatur großteils beherrscht wird, kommt vermutlich daher, daß Geschichte und Entwicklung der Glocke bei uns maßgeblich von der Kirche bestimmt wurden. Vielfach wird dabei übersehen, daß die Glocke im profanen Bereich nicht minder große Bedeutung hat(te). Erst im 20. Jahrhundert ist der Einsatz von Glocken zunehmend auf die Kirche beschränkt worden. Früher gab es für jeden Anlaß ein Geläute, was freilich nicht so zu verstehen ist, daß es für jeden Anlaß eine eigene Glocke gab. Je nachdem von wem, wann, wie, wogegen oder wofür und in welcher Region geläutet wurde, wechselten die Bezeichnungen, wurden die Glocken anders zum Klingen gebracht, geläutet, geschlagen. Die Menschen, die die Glocken hörten, wußten Bescheid und wußten auch, daß als Synonym „Geläute" für Glocke und „Glocke" für Geläute stehen konnte.

Abendglocke

„O, wie wohl ist mir am Abend,
Wenn zur Ruh' die Glocken läuten..."

(Kanon von Karl Schulz, 1784–1850)

Die Assoziation Abendglocke – Abendfriede kommt nicht von ungefähr. Das Läuten der Abendglocken verkündete tatsächlich Frieden; zumindest sahen es die Bestimmungen der Weistümer so vor: „Wer eine blanke Waffe zuckte, hatte vor der

Weinglocke 1 fl., nach derselben 2 fl. Strafe zu zahlen" (Oberamt Gmünd, Niederösterreich).
Des Abends wurden die Glocken gleich mehrmals geläutet, mindestens aber zweimal: gegen 6 Uhr und je nach Region und Jahreszeit gegen 8 oder 9 Uhr. Die gegen 6 Uhr ertönende Glocke wurde Vesper-, Ave-, Feier-, Feierabendglocke genannt und bedeutete das Ende des Arbeitstages. Bestimmte Rechtshandlungen wie Grundankäufe oder die Rechtsprechung durften nach diesem Glockenzeichen nicht mehr vorgenommen werden. Das zweite Glockenläuten, die Nacht-, Tor-, Sperr-, Wein-, Bier-, Lumpen-, Schlafglocke, meldete den Beginn der Nacht und der Nachtruhe. Es zeigte an, daß die Tore zu schließen wären, damit keine Fremder unbemerkt in die Stadt käme; es begann die Wachpflicht der Bürger, die die Stadtmauer zu besetzen und über Ruhe zu wachen hatten; diejenigen, die noch immer ihren Geschäften nachgingen, mußten jetzt endgültig die Arbeit niederlegen; Feuer und Licht waren bei Strafe zu löschen; die Wirte mußten die lustigen Zecher nach Hause schicken; die Zünfte und Gilden waren verhalten, ihre Häuser zu schließen; und selbst private Gesellschaften mußten ihr gemütliches Beisammensein abbrechen: „Abend mit der abends-glocke geleutet, sollen die thüren ohne längeren Verzug eröffnet und niemand von den gästen... nach der abends-glocken zu Verbleiben benöthiget werden", sagte das Stadtrecht von Münster. Und jenen, die nicht gleich den Weg nach Hause finden wollten, wurde gleichfalls Strafe angedroht: „Nachdem zue Gl. herkomen die weinglocken nachts zue leuten, damit die inheimischen nit in dem wurtshaus ubersitzen, das ihrig verschwenden zue großem schaden und nachtheil ihrer weib und kinder, so ist geordnet, das alle die so uber bestiemte Zeit der weinglocken in dem wurtshaus befunden werden, alle mal 4 pfg. zue straf... geben sollen" (Jacob Grimm: Weistümer zu Gleißweiler).

Wer unbedingt in Geschäften oder aus sonstigen besonderen Gründen nach dem Läuten auf der Straße sein mußte, war verpflichtet, ein Licht mitzutragen. Das Salzburger Stadtrecht von 1368 erweiterte diese Vorschrift: „Es soll niemant auf der strazz verholen gen nach der pier glock, er sing oder er ge mit liecht."

Angeblich hat das Abendläuten der selbstherrliche Wilhelm der Eroberer 1066 nach der Schlacht bei Hastings eingeführt, um den armen Angeln und Sachsen so recht ihre Unterwerfung hörbar zu machen, aber es finden sich um diese Zeit auch schon genügend Nachweise auf dem Kontinent, daß zu Abend geläutet wurde.

Alarmglocke – Während man sich auf dem europäischen Kontinent bis zur Einführung elektrischer Läutwerke fast ausschließlich mit dem Glockenseil, bestenfalls noch mit mechanischen Uhrläutwerken, als dem Nonplusultra der Läutkunst begnügte, ersann man in England und Amerika praktische Vorrichtungen, die das an sich mühselige Läuten oder Schlagen der Glocken erleichtern sollten. Daß man gerade hier daran ging, die althergebrachte Technik zu verbessern, ist weiter nicht erstaunlich. Manufaktur und Industrie waren zu Beginn des 18. Jahrhunderts wesentlich weiter entwickelt als auf dem Kontinent. Die Engländer hatten ein strenges Patentschutzgesetz erlassen, das die Erfindungen zwar schützte, den Interessenten aber kostengünstiger als auf dem Kontinent zugänglich machte. Und so förderten die kleinen Erfindungen den Aufschwung der Industrie, und der Aufschwung der Industrie förderte die kleinen Erfindungen.
Freilich hatten um diese Zeit auch Amerikaner und Engländer noch kein Signalinstrument erfunden, das die Glocke hätte ersetzen können. Aber immerhin konnten Amerikareisende feststellen, daß es in Manhattan und Brooklyn, damals noch Vorstädte des großen Neu Yorks, sogenannte „Alarmglocken" mit zweckmäßigen Mechanismen gab. Die Glocken waren feststehend, und nur der Klöppel oder der als Klöppel dienende „Apparat" waren beweglich:

> *„Der Wächter handhabt einen Hebel, welcher einen vertikalen Stab oder Balken in Bewegung setzt, der zu*

Alarmglocke 1

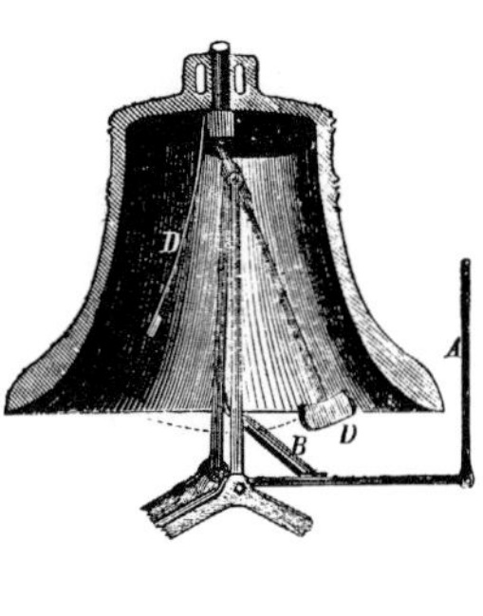

Alarmglocke 2

einem Punkte nahe der Basis der Glocke führt. Hier ist derselbe in Verbindung mit dem horizontalen Arm eines Contrahebels gebracht, welcher seinen Stützpunkt in einem zweckentsprechenden Träger unmittelbar unter der Glocke findet. Der andere Arm dieses Hebels, der gewöhnlich gabelförmig oder doppelt ist, steigt in die Glocke hinauf und giebt dem Klöppel nahe am obersten Theil derselben Halt, so daß derselbe in Bewegung gesetzt werden kann.“

Eine andere Methode bedient sich eines Apparates, der „mit Hülfe eines Seils in Bewegung gesetzt wird, und das Gewicht der Gegenseite, welches als ein theilweiser Balancier dient, trifft ein Guttapercha-Polster, wodurch der Hammer mit der beliebig erforderten Schnelligkeit zurückfliegt. Diese Konstruktion kann ersichtlich auch durch ein Seil mit einem Schwengel oben in Bewegung gesetzt werden, wenn man es wünscht...“

Diese Alarmglocken wurden vor allem als Feuermelder eingesetzt:

„Wir bemerken zuerst, daß die Manhattanstadt in Distrikte eingeteilt ist, deren jeder einen Thurm besitzt, auf dessen Spitze ein Wächter sich befindet. So wie der Ausbruch eines Feuers von dem Wächter bemerkt oder demselben angezeigt wird, führt er sofort an seine Glocke soviele Schläge, wie die Nummer seines speziellen Distrikts ansagt. Die Wächter der benachbarten Distrikte wiederholen diese Anzahl von Schlägen und verbreiten so in ungemeinster Schnelligkeit den Alarm durch die ganze gewaltige Stadt... Um dem Wächter die Bestimmung des Orts, wo ein Feuer schnell zum Ausbruche kommt, zu erleichtern, ist der Distrikt nicht in Straßen etwa, sondern durch gedachte Linien abgetheilt, welche nach gewissen leicht erkennbaren Gegenständen, als hochragenden Häusern, Masten oder Feueressen laufen. So kann der Wächter bequem in einem geheizten Zimmer mit Glaswänden und von genügender Höhe aus die Stadt überschauen.“

Nur gut, daß die Turmwächter Europas kaum etwas von diesen Bequemlichkeiten ihrer amerikanischen Kollegen erfuhren; sie wären sonst alle ausgewandert und hätten die Türme Europas verwaist zurückgelassen.

Antoniusglöckchen – Der fromme Einsiedler Antonius (17. Jänner), der im 4. Jahrhundert in der Wüste Thebais in Ägypten seinen gelehrten Studien lebte und als Begründer des

Anachoreten- und Klosterlebens gilt, wird mit einer an einem T-förmigen Stab hängenden Glocke dargestellt. Er soll damit die Dämonen, die ihn vor allem in Schweinegestalt gar schrecklich in Versuchung führen wollten, vertrieben haben und wird daher als Saupatron, als „Fakentoni", verehrt.

Um 1095 verwendeten die Antoniter, ein dem Patronat des Heiligen unterstellter Hospitalorden, dessen Aufgabe es war, die Dämonen der Infektionskrankheiten bei Mensch und Schwein auszutreiben, bei ihren Krankenbesuchen und Sammelgängen das Antoniusglöckchen. Die Antoniter waren – wie konnte es anders sein – vorzügliche Schweinezüchter und hatten außerdem das Privileg, ihre Schweine mit einem Glöcklein um den Hals frei herumlaufen zu lassen.

Arbeitsglocke

„Schon wieder tönt vom Schachte her
des Glöckleins leises Schallen,
laßt eilen uns, nicht weilen mehr,
zum Schachte lasset uns wallen!"

(Zwanzig fröhliche Bergmannslieder, hg. v. Franz Kirnbauer, Wien, Montan 1958)

Unter der Bezeichnung „Arbeitsglocke" lassen sich jene Glocken und Glockenzeichen zusammenfassen, die den Arbeiter, der sich auch schon vor der Industrialisierung in seiner Lohnabhängigkeit durch Kultur und Lebensweise vom Bauern und vom Handwerker unterschied, zur Arbeit riefen. Eine derartige Glocke widmete der steirische Landesfürst Erzherzog Karl 1581 den Bergleuten von Eisenerz; sie hängt im Schichtturm und trägt die bezeichnende Inschrift: „Lass dich vermanen meinen klanck, geh zur Arbeit, verzeuch nicht lanck." In den Stollen und in der Sudhütte der Saline von Bad Ischl hängen die Schichtglocken. Auf den großen Gutshöfen Preußens und Pommerns, Ungarns und Österreichs zeigte die Hofglocke den Taglöhnern und Inwohnern Arbeitsbeginn, -pause und -ende an. Die Schiffsglocken meldeten der Mannschaft, wieviel Glasen es hatte und regelten die Wachablöse.

Arme(n)sünderglocke – Ein Badisches Gesetzblatt von 1881 legt fest: „Die vollstreckung des todesurteils wird durch das läuten einer Glocke angekündigt, welches mit dem austritt des verurtheilten beginnt und bis zum schlusse der hinrichtung fortdauert." Alle, die den Glockenklang vernehmen, sollen „in der statt betten".

Das Läuten bei Hinrichtungen, vielfach auch „Blutglocke“ genannt, wird erst ab dem 16. Jahrhundert in den Weistümern erwähnt. Meistens wurde dafür eine besondere Glocke benützt, die Armesünderglocke. – So hieß in Mecklenburg auch jene Glocke, die zur wöchentlichen Beichte rief.

Bahnhofglocke –

> *„Die Kirche läutet nur zu den Gebetstunden, am Bahnhofe läutet's und pfeift's Tag und Nacht. Die Glocke am Bahnhof läutet nicht die Leute zusammen, denn wer auf dieses Läuten warten sollte, der käme zu spät, sie läutet die Züge ein und aus gleich der Kirchenglocke, die den Wallfahrerzug ein- und ausläutet. ‚Beim Eisenbahnfahren bin ich wie der Bischof', sagte der Kalbelbauer, ‚beim Bischof läuten auch die Glocken, wenn er ankommt und wenn er abreist.' – Und diese Glocke am Bahnhof läutet, wie ein Lied sagt, dem abgehenden Zuge nach,*
> *‚weil mitten auf dem Feld,*
> *wo das Unglück passiert,*
> *Kein Zügenglöcklein*
> *Geläutet wird.'“*

(Aus: Peter Rosegger: Der Dorfbahnhof, in: Alpensommer, Leipzig, Staackmann 1913)

„Die Bahnhofglocke ist seither abgekommen. Bemerkung zur neuen Ausgabe“, vermerkt die Fußnote zum obigen Text. Die „neue Ausgabe“ erschien 1913.

Bannglocke – nannte man im mittel- und niederrheinischen Gebiet die Glocke der Obrigkeit, da sie dem höchsten herrschaftlichen Befehl, dem „Bann“, Nachdruck verlieh. Sie konnte als Sturmglocke, als Gerichtsglocke, aber auch zur Verkündigung von Allderohöchsten Verordnungen läuten.

Betglocke, Gebetsglocke – Papst Sabinian († 606) soll bestimmt haben, daß die Zeiten der Stundengebete in den Klöstern durch Glockenzeichen angekündigt werden. Seelsorgerischer Eifer sorgte dann mit mehr oder minder sanftem Zwang dafür, daß auch das Christenvolk außerhalb der Klostermauern an den Gebeten teilnahm. Im 13. Jahrhundert haben wahrscheinlich die Franziskaner damit begonnen, abends drei Läutezeichen, das Angelusläuten, zu geben, die von den Gläubigen mit drei Ave Maria beantwortet werden sollten. Im ersten Drittel des 14. Jahrhunderts machte es Papst Johannes XXII. zur Vorschrift, beim Läuten der Feierabendglocken die heilige Jungfrau zu grüßen und bewilligte, um die Pflicht zu versüßen, dafür Ablässe. Die charmanten Franzosen nennen das Aveläuten daher heute noch „Pardon“.

In der Folge wurde auch zu Mittag und am Morgen zum „Angelus“, „Engel des Herrn“ oder „Ave (Maria)“ geläutet. Das Banntaiding der Herrschaft Hornstein (heute Burgenland) vom 10. 9. 1670 mahnte diese Gebetspflicht sehr strikt ein: „Weillen den catholischen brauch nach alle tag früh, mittag und abends zum gebett geleutet wird, so soll ein jeder, sobald er den glockenglang höret, auf seine knie niderfallen und sein gebett zu gott... verrichten.“ Das Läuten sollte so lange dauern, daß jeder mit seinen Gebeten zu Ende kommen könnte.

Oft wurde nach dem jeweiligen Angelus gleich noch weiter geläutet – zur Mahnung, zur Danksagung, als Fürbitte: In Oberösterreich erklang vom Markustag (15. 4.) bis zum Erntedankfest abends täglich das „Feldfrüchteläuten“, wofür es ab 1681 sogar eine eigene Stiftung gab, denn die Arbeit des Läutens mußte schließlich bezahlt werden. Erzbischof Eberhard von Salzburg ordnete 1417 für jeden Freitag das mittägliche „Angst-“ oder „Schidungsläuten“ zur Erinnerung an das Leiden Christi an. Zum selben Zwecke wurde den Passauer Diözesen 1726 vom Fürstbischof Josef Dominik das donnerstägliche „Antlessläuten“ befohlen; schließlich konnten die Passauer nicht zur selben Zeit wie die Salzburger läuten. Das „Hus-Ausläuten“, das Papst Martin V. einführte, als um 1420 die hussitischen Ketzer über Österreich nach Bayern und Franken vordrangen, wurde als Fortsetzung des Mittagläutens gleich weit bis in unser Jahrhundert beibehalten. Und als sich wenig später die Türken zur Eroberung Belgrads und somit des christlichen Abendlandes anschickten, ordnete 1455 Papst Calixtus III. gleichfalls zu Mittag zur Abwendung der Gefahr die „Türkenglocke“ an.

Bierglocke

„Iwa d' Gassn
I da Schnabölugga, an oidn Wiatshäusl i da Lamba – hiaz gibts es nima, is va da Gastdia a Dloggn ghängt und daneben a Bangerl gstandn zon Nidahugga. Mit da Dloggn ham's dleit, wanns iwat Gassn a Bia ham wön, fria amoi...“

„Über die Gasse
In der Schnabellucken, einem alten Wirtshäusl in der Lamba – jetzt gibt es das nicht mehr, ist vor der Gasttüre eine Glocke gehängt und daneben ein Bankerl gestanden zum Niedersetzen. Mit der Glocke haben sie geläutet, wenn sie ein Bier über die Gasse' wollten, früher einmal...“

Das war die „Bierglocke“ vom Wirtshaus „Schnabellucke“ in Ebensee, Oberösterreich. „Dloggn“ und „dleit“ sind übrigens keine Schreibfehler, sondern eine Eigenheit der Ebenseer Mundart; „Lamba“ ist die alte Dialektbezeichnung für Ebensee.

Die Bierglocke ist so recht ein Beispiel für die Ambivalenz der Glocke: Gemäß den Weistümern durften die Wirte und Brauer mancherorts die Bierglocke zum Bier rufen lassen, wenn sie neues zum Ausschank brachten; mancherorts war sie die Nachtglocke, die die allzu lustigen Zecher nach Hause trieb und weiteren Bierausschank verbot. Dort, wo man lieber dem Wein zusprach, hieß die Bierglocke selbstverständlich „Weinglocke“.

Cyriaksglocke – Zu Luthers Zeiten stand das Cyriaksglöcklein des Klosters Wimmelburg bei Eisleben in dem Ruf, daß durch Anhören seines Klanges vor allem Besessene geheilt würden. Der hl. Cyriak (8. Aug.) war ein römischer Diakon, der 309 im Zuge der Christenverfolgung des römischen Kaisers Diokletian den Märtyrertod erlitt. Vorher soll er, so berichtet die Legende, die Tochter des Diokletian von der Besessenheit geheilt haben, weshalb er als Patron gegen die Anfechtung durch die bösen Geister unter die Vierzehn Nothelfer aufgenommen wurde. Ob nun wirklich der Klang des Glöckleins half oder die Fürbitte des Heiligen, wird sich heute nicht mehr so ganz entscheiden lassen.

Doppelglocke **–** In Afrika werden als Musikinstrumente geschweißte Eisenglocken, selten einzeln, sondern meist paarig als verschiedentonige Doppelglocken verwendet. Sie werden hergestellt, indem zwei an der Schmalseite verbundene Bleche über einen kegelförmigen Holzkern gelegt und die Längsränder verschweißt werden. Ein Klöppel fehlt; sie werden als Leerglocken vom Spieler mit einem Schlägel geschlagen. (Curt Sachs)

Ehrenglocke, Fest-, Freudenglocke **–** Zahlreich bezeugt ist das feierliche Ehrengeläute für regierende Fürsten, hohe Staatsbeamte und die hohe Geistlichkeit. Schon Walther von der Vogelweide (um 1170–1230) verspricht, daß Herzog Leopold bei seiner Rückkehr vom Kreuzzug mit Glockengeläut empfangen werde: „Sit gewis, swenn ir uns komet, ir werdent hoh empfangen. ir sit wol wer daz wir die gloggen gegen iu liuten."

Bei der Huldigung an den neuen Grundherren diente das Geläute der feierlichen Bezeugung des Herrenrechtes. Und – wer wollte daran zweifeln? – es war die Sturmglocke, die bei derartigen Anlässen geläutet wurde: „Der grosse Platz vor dem Römer in Frankfurt füllte sich nach und nach, und das Wogen und Drängen ward immer stärker und bewegter... Bei alledem herrschte eine ziemlich Stille, und als die Sturmglocke geläutet wurde, schien das ganze Volk von Schauer und Erstaunen ergriffen", schildert J. W. v. Goethe in „Dichtung und Wahrheit" (1. Teil, 5. Buch) die Krönung Franzens von Lothringen zum deutschen Kaiser am 3. April 1764.
Zugleich mehrten die verfügbaren Glocken die Feierlichkeit des Einzugs. Je nach Rang und je nach Art des Anlasses wurde das „signum maior" oder das „signum minor" verordnet.
Mit freudigem, ehrendem Geläute wurden und werden auch die theophoren Prozessionen, wie Fronleichnam oder Christi Himmelfahrt, und die Hochfeste des Kirchenjahres begleitet.

Feuerglocke **–** „Feuer" wurde der Katastrophe gemäß in der Regel mit der Sturmglocke angezeigt, wie es das Salzburger Stadtrecht 1368 belegt: „Die stat hat auch die stormglokken, die man clenkch cze prünsten." Man verwendete aber auch die Kirchenglocken oder eigene Feuerglocken, die mit aufgeregt wimmernden Tönen die große Not kündeten und zum Löschen riefen. Je nachdem, wo und wie geläutet wurde, wußten die Leute, wo es brannte.

In Wien war es Aufgabe des Türmers oder der Feuerwächter von St. Stephan, deren Amt sich seit 1444 aus den Kammeramts-Rechnungen nachweisen läßt, die Feuerglocke zu läuten. Wenn allerdings am Tiefen Graben oder am Salzgries Feuer ausgebrochen war, kam das Läuten der Schottenkirche auf der Freyung zu, weil diese beiden Stadtteile vom Stephansturm nicht gut einsehbar waren.

Die Feuerglocken gehören zu jenen wenigen Glocken, die jeder ertönen lassen durfte und dafür sogar belohnt wurde: Wer bei Entdeckung eines Brandes „die glocken“ als erster anschlägt, „oder dem Messner solchs zu tuen“ anzeigt, soll falls „derselb nit sonst von gemainer stat darzue verordent und bestelt ist“, 1/2 Pfund Pfennig aus der Stadtkasse erhalten, verspricht die „Neu aufgerichtete Stadt-Ordnung“ von Schladming in der Steiermark 1523.

In das aufgeregte Geläute mochte sich dann wohl auch der Ton der Feuerwehrglocke mischen, die – bevor das Folgetonhorn aufkam – den mit Pferden gezogenen Rüstwagen das Vorfahrtsrecht sichern sollte.

Pilsen

Mitunter wurden die Glocken im Sinn des Wortes zur Feuerglocke:

„Alle Häuser waren wie mit Blitzesschnelle hellroth erleuchtet – und als noch die Sturmglocke und der Trommelwirbel das Schreckliche einer Feuersbrunst verkündeten, da waren alle Augen der vielen tausenden aus dem Schlaf aufgerüttelten Einwohner mit Schrecken und Bangigkeit auf einen einzigen Punkt, nemlich, auf die höchste Spitze ihres majestätischen Kirchenthurms gerichtet... Endlich wurde das Glockengerüst an dem Boden von einem Flammenmeere verschlungen. Wie aus einem Krater stürzten Rauch- und Flammensäulen durch die Öffnung, und wurden um so gefahrdrohender, als die Heftigkeit des stets wechselnden Windes zunahm. Erst gegen 1/2 7 Uhr Morgens sanken die fünf großen Thurmglocken, viele hundert Zentner im Gewicht, nachdem sie von den auf sie herabstürzenden Feuerbränden berührt, noch ein Mal wie sanfte Aeolslaute, ihr letztes Lebewohl der Christengemeinde wehmütig verkündend erklangen, unter ungeheurem Krachen und Zischen, auf das untere Gewölbe herab, und hauchten, in Stücke zerspringend und zum Theil auch zerschmolzen, ihr Dasein aus. Sie gewährten früher eines der herrlichsten Geläute, welches je zum Gottesdienste feierlich einlud...“

(Aus: Der Thurmbrand zu Pilsen, in: Allgemeine Theaterzeitung und Originalblatt für Kunst, Literatur, Musik, Mode und geselliges Leben. Herausgeber und Redacteur: Adolf Bäuerle, Wien, Mittwoch den 18. Februar 1835, Acht und zwanzigster Jahrgang).

Gemeindeglocke **–** Um Streitigkeiten mit der Geistlichkeit zu vermeiden, besorgten sich die Gemeinden oft schon im Mittelalter eigene Gemeindeglocken und brachten sie auf Rathäusern, Kaufhallen, Toren oder eigenen Türmen an. Besonders in Frankreich und Belgien waren Türme häufig; man nannte sie „berfredus“, „belfredus“, „belefroy“, „belefroit“ u. ä. Diese Gemeindeglocken, auch Ratsglocke, Männerglocke, Herrenglocke, Bürger- oder Bauernglocke, je nachdem, wen es betraf, riefen zu Bekanntmachungen, meldeten Versteigerungen, den Steuereinnehmer oder den Beginn der Weinlese. Sie läuteten die Polizeistunde, waren Versammlungsglocke, Weinglocke, Bierglocke.

Es mag eine Besonderheit des pannonischen Raumes, von Teilen Niederösterreichs, der Steiermark und des Burgenlan-

Maister Graßmayr entpietet Ewer Wolgeporen seine güetten dienste

Es mag wohl dem „abgebrühtesten“ Glockengießer das Herz höher geschlagen haben, als er den Auftrag erhielt, anläßlich des Besuches von Papst Johannes Paul II. am 27. Juni 1988 in Innsbruck eine Glocke zu gießen.
Der Guß erfolgte am 20. Mai 1988: 180 kg schwer, aus reiner Zinnbronze, 68 cm Durchmesser, auf d/2 gestimmt. Am unteren Rand ist zu lesen: „Seine Heiligkeit Papst Johannes Paul II. besuchte am 27. Juni 1988 Innsbruck. Die Bürger der Stadt widmen ihm diese Glocke als Geschenk für seine polnische Heimat.“ Den Glockenmantel zieren: der in Polen sehr verehrte hl. Adalbert, die Muttergottes der Innsbrucker Annasäule, das Stadtwappen und das Gießerzeichen.

1599 – im Geburtsjahr Oliver Cromwells, Shakespeare schrieb „Viel Lärm um Nichts“, Reni und Borromini malten Meisterwerke – goß Bartlmä Grassmayr, Schüler des damals weithin berühmten Joan von Treer aus der Kaiserstadt Aachen, seine erste Glocke in Habichen im Ötztal. Seitdem gießt die Familie Graßmayr – heute das bedeutendste Unternehmen dieser Art in Österreich – Glocken.
Es waren bedeutende Personen, die in diesen vier Jahrhunderten als Gießer wirkten, andere, nicht weniger tüchtig, waren als bildende Künstler tätig – und ungebrochen ist die Graßmayrische Schaffenskraft:
Am 14. September 1991 zeigte ein Videofilm den Bürgern von Bad Aussee im Salzkammergut, wie ihr neues Geläute in Innsbruck entstanden ist. Am nächsten Tag weihte Alterzbischof Josef Berg die fünf Glocken.
Auch im 20. Jahrhundert hat sich das Handwerk, die Kunst des Gießens kaum verändert – die Gesetze lauten noch immer: Wahl des besten Materials, größte Sorgfalt bei der Arbeit, Reinheit des Tons! Wenn feuerflüssige Bronze die Formen gefüllt hat, nach dem Guß Bildnisse und Inschriften gestochen scharf sichtbar werden, wenn bei der Tonprüfung die Glocke erstmals mit ihrem vollen Klang ertönt – „dann soll das Werk den Meister loben“.
Die Erzeugung von elektrischen Läutemaschinen, Pflege und Wartung von Glockenanlagen gehören heute zum Firmenporträt. Die Kunstgießerei fertigt nach Entwürfen namhafter Künstler Bronzearbeiten zur Gestaltung sakraler Innenräume – Kerzenleuchter, Apostelkreuze, Kirchenportale, Speisgitter – die Bronzezeit ist noch nicht vorbei!

Innsbrucker Glocken läuten in Lublin

27. Juni 1988: Bürgermeister Romuald Niescher übergibt Papst Johannes Paul II. die Glocke. Hinter dem Papst, teilweise verdeckt, Landeshauptmann Alois Partl und Erzbischof Josef Berg. Rechts Abt Alois Stöger von Wilten, links die Mitlglieder der Innsbrucker Stadtregierung.

16. Juni 1990. Bischof Boleslaw Pylak weiht in der Universitätskirche in Lublin die Innsbrucker „Papstglocke". Von links: Glockengießer Christoph Graßmayr, Stadtrat Eugen Sprenger und Bürgermeister Romuald Niescher, Rainer Sprung, Rektor der Universität Innsbruck.

des sein – zumindest ist sie vorläufig nur hier dokumentiert –, daß die Gemeindeglocke vielfach die Kirchenglocke ersetzte. Die Dorfgemeinden waren häufig so arm, daß sie sich weder Pfarrer noch Kirche oder Kapelle leisten konnten. Erschwinglich waren höchstens Glocken, die man einfach in die Astgabel eines Baumes hing, wie es die Kirchenprotokolle der evangelischen Kirche von Sziget in der Wart im Burgenland 1795 berichten: „Die Glocke wurde zuerst auf den Birnbaum gehängt, der hinter dem Gemeindehaus steht." Bestenfalls baute man hölzerne, einfach überdachte Glockentürme, Glockenstühle, Glockenhäusl, Glockenzimmer... Manche wurden zum Schutz gegen die Witterung mit Brettern verschalt, manche waren auch schon kompliziertere Zimmermannsarbeit mit einem Doppeldach über der turmartigen Konstruktion.
Die Gemeinde Pleßberg im Waldviertel nahm sogar Kredit auf und entlehnte am 20. Februar 1761 zur „Verschaffung eines Gemeinglöckels" vom Verwalter der Herrschaft Dobersberg und Illmau auf ein Jahr 60 Gulden zu 5% aus der Waisenkasse. Die Kleintaxener hatten großzügigere Grundherren und erhielten die 17 kg schwere Glocke aus der Schloßkapelle geschenkt.

Welgersdorf, Burgenland
(Bildarchiv der ÖNB)

Nach der wenig erfolgreichen Revolution von 1848 feierte der Absolutismus fröhliche Urständ. Immerhin brachte das Silvesterpatent 1851 die Gleichheit aller Staatsbürger vor dem Gesetz, die Aufhebung der Leibeigenschaft und die Beseitigung der Untertanslasten. Das machte die kleinen Dorfgemeinden aber auch nicht reicher. Sie wurden im Zuge der Verwaltungsreformen zu riesigen Ortsgemeinden, die gemäß den neuen Vorschriften einer Pfarre entsprechen sollten, zusammengefaßt und hatten – nun freilich gleichberechtigt – durch neuerliche Abgaben für deren Gemeinwohl zu sorgen. Nach wie vor in wirtschaftlicher Ungunstlage – noch heute ist der Anteil jener, die Arbeit außerhalb suchen müssen, im Waldviertel und im Burgenland höher als anderswo – mußten sie ihre Glockenbäume und Glockengestelle beibehalten. Noch 1899 fand sich in Karlstein an der Thaya im Waldviertel eine Linde, in deren Geäst ein Holzbalken mit einer Glocke befestigt war. Mancher gemeindeeigene Glockenstuhl im Waldviertel und im Burgenland konnte gar erst vor zwanzig oder dreißig Jahren durch eine Kapelle ersetzt werden. In einigen Kleingemeinden des Waldviertels sind die Gemeindeglocken noch immer zu finden und haben sogar ein elektrisches Läutwerk erhalten, denn die, die die Glocken läuten könnten, sind zu den Läutzeiten nicht mehr daheim. Der Glockenturm dient als Plakatwand.

Den Gemeindeglocken wurden teilweise Funktionen der Kirchenglocken zugewiesen. Die Gemeinde Tiefenbach zum Beispiel ersuchte 1774 um die Erlaubnis, „zur Beförderung der

Pamhagen, Burgenland. Freistehender Glockenturm in der Hauptstraße mit türkischem Halbmond über der Wetterfahne (Bildarchiv der ÖNB)

Ehre Gottes eine Holzsäule aufzurichten und bat, darin eine Glocke anbringen zu dürfen. Diese soll früh, mittags und abends Ave läuten, an Sonn- und Feiertagen zum Rosenkranzgebet rufen und im Sommer bei einfallendem Donnerwetter die Leute mahnen, Gott um Abwendung der Schauerstrafen zu bitten" (F. Schneeweis). Die Gemeindeglocke war Uhr-, Bet- und Wetterglocke, läutete den Toten zum letzten Weg und meldete Feuer, Überschwemmungen und sonstiges Unheil.

Gerichtsglocke **–** Die Gerichtsglocke zeigte den Beginn der Gerichtsversammlung und die Urteilsverkündung, das Ende des Gerichtes an. War sie im frühen Mittelalter noch eine Versammlungsglocke, die die Thingpflichtigen zur Rechtsprechung rief, so wird sie mit der allmählichen Änderung der Gerichtsverfassung, die im ausgehenden Mittelalter staatliche Amtsträger als Richter und sieben oder zwölf Schöffen vorsah und nicht mehr im eigentlichen Sinne öffentlich war, zum verbindlichen Zeichen des Gerichtsbeginns. Die Urteilsverkündung allerdings blieb öffentlich und wurde nach wie vor durch Glockenläuten angekündigt, wie etwa im 15. Jahrhundert in Worms und Nürnberg: „Ein jeder ubelthater der da morgens fruhe an einem werktag ergriffen wird, der soll in hoff gefurt, hernach soll im... von dem rath und scheffen sein urtheil gesprochen werden, wenn dann dasselbig also geschehen, soll man mit der hoffglocken drey zeichen leuten, damit sich das volck in der stadt samble; hierauf soll der statt-pedell auf die steegen treten und alda fur allem volck dem verdampten das geschopten urteil... vorlesen."

Glasglocke **–** Unter dieser hübschen Glasglocke mag wohl gut sitzen sein.

Zierglocke aus blauem Glas, spätes 18. Jahrhundert, spanische Glassammlung in der Eremitage (Aus: Spanish Glass in the Hermitage, Aurora Art Publishers, Leningrad 1970).

Glockenrock und Glockenhose der 70er Jahre unseres Jahrhunderts. Tuschzeichnung von Maria Fielhauer, 1991.

Glockenhose, -rock **–** Die charakteristische Form der Glocke war in der Mode von alters her namengebend. Im 14. und 15. Jahrhundert wird der „Glock(en)mantel" in vielerlei Urkunden erwähnt. Das „auswendig weit ausgeflossen Glockenkleid (des Cardinals) den gantzen maulesel bedeckend" beschreibt Sebastian Franck 1534. Und um 1900 läßt Ludwig Ganghofer in seinem Roman „Der Mann im Salz" die Bergknappen weiße Glockenhosen tragen.
(Deutsches Wörterbuch von Jacob und Wilhelm Grimm, dtv 1984)

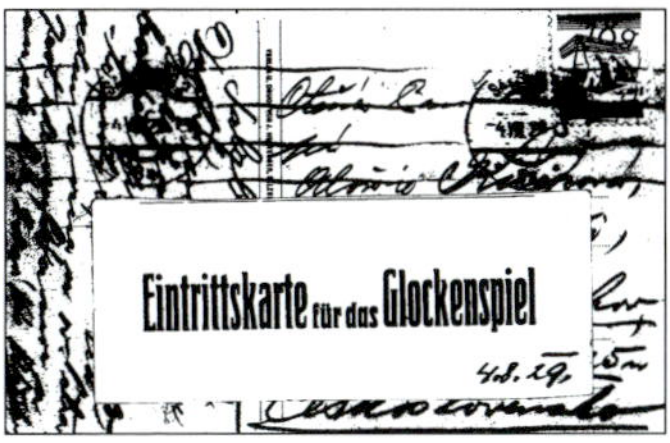

Salzburg

Bergleute im 18. Jahrhundert
Glockenspiel am Marktplatz in Goslar/Harz

Glöckerl, „in der Redensart: ‚An Viertel mit Glöckerl'. So bestellt sich bei größerer Hitze der Fiaker ein Viertel Wein, darin ein Stückchen Eis schwimmt. Wohl daher, weil das Eisstückchen im Glase wie der Schwengel einer Glocke scheppert." (Wiener Dialect-Lexikon von Dr. Eduard Maria Schranka, Wien, K. k. Universitäts-Buchhandlung Georg Szelinski, 1905)

Hausglocke, Türglocke **–** Glocken an der Haustür, die mit einem Zuggriff zu betätigen sind und deren Überreste sich manchmal noch an alten Häusern finden, gab es schon in Pompeji. Leider rief damit niemand die Hausbewohner an die Tür, als 79 n. Chr. der Vesuv ausbrach.
Türglocken anderer Art finden sich im afrikanischen und asiatischen Raum. Ihr Geläute, das durch den Eintretenden beim Öffnen der Tür verursacht wird, soll Unheil verhüten.

Herdenglocken, Viehglocken

„Der Almabtrieb erfolgt im Pustertal im allgemeinen später und mit mehr Gepränge als in den übrigen Tälern Südtirols... Immer ist für die Heimkehr der späte Nachmittag vorgesehen. An einem beliebigen Rastplatz in der Nähe des Heimatdorfes werden den Tieren die großen Glocken umgehängt: geschmiedete von gebauchter (‚Hafen') und länglicher (‚Zapfen') Form sowie solche aus

Glockenspeise (‚Speisglocken' oder ‚Wandl' genannt). Die Riemen sind mit farbigen Borten und mit reicher Federkielstickerei geziert... Im mittleren Pustertal wird am Sonntagnachmittag das Vieh nochmals mit Glocken und Kränzen behangen und durch das Dorf auf die Herbstweide getrieben." (Aus: G. Kapfhammer)

Diese für unseren Zusammenhang besonders hübsche Beschreibung eines Almabtriebs mag für viele stehen, die es überall dort gibt oder gab, wo das Vieh auf die Weide getrieben wird. Das Geläute „für alle Tage" ist freilich weniger aufwendig, denn die Tiere, vor allem die „Gloggkuh", die vorangeht, könnten die schweren Schellen und Glocken gar nicht den ganzen Tag tragen. Hübsch genug mag das Alltagsgeläute vor Zeiten, etwa anno 1823, trotzdem gewesen sein: „Ich sezete mich auf einen grünen Abhang ober meiner Hütte, da der Abend schön war und sah zu, wie das Vieh zurückkehrte, jede Abtheilung mit ihren Glocken, das Geläut derselben, das Gebrüll, dann auch das Getön der Schafglocken machte zusammen ein herrlich Gantzes..." (W. Koschatzky, Aus dem Tagebuch des Erzherzogs Johann aus Österreich, in: Albertina Studien, 3. Jg. 1965, H. 3)

Vorläufer der Viehglocken oder -schellen soll es schon in vorchristlicher Zeit gegeben haben. Bei Ausgrabungen in Schweden fand sich eine bronzene Rasselscheibe aus dem 8. Jh. v. Chr., die als Kultgerät gedeutet wird, ganz gut aber auch als Vorläufer der Kuhglocken durchgehen kann. Denn sie gleicht verblüffend den urtümlichen, hölzernen Klappern, die in Schweden, Norwegen und dem Baltikum bis in die jüngste Vergangenheit dem Vieh um den Hals gehängt wurden. In den östlichen Mittelmeerländern und im Orient ist das Schellentragen bei Karawanen und bei Reittieren seit dem 5. Jh. v. Chr. nachweisbar. In den Alpen gibt es Funde aus der Hallstatt- (ca. 600 v. Chr.) und aus der La-Tène-Zeit (ca. 500 v. Chr.). Etliche Jahrhunderte später werden Viehglocken auch durch schriftliche Quellen belegt. Im 5. Jh. n. Chr. erwähnt der hl. Sidonius Apollinaris, der als römisch-gallischer Bischof von Augustonemetum (Clermont-Ferrand) gegen die Westgoten kämpfte und dessen schriftstellerisches Werk ein aufschlußreiches Dokument für die christlich-heidnische Mischkultur im sich auflösenden weströmischen Reich ist, Herdenglocken nördlich der Alpen. Ob diese Rasseln, Glocken und Schellen zur Abwehr von Unheil und bösen Geistern dienten oder ob sie – wie heute – einfach den Zweck hatten, die Herde zusammenzuhal-

ten und verirrte Tiere leichter aufzufinden, ist nicht eindeutig zu beantworten.
In den alten Quellen finden sich Belege, daß auch die Hirten selbst Glocken oder glockenähnliche Instrumente als Locksignale für das Vieh trugen. Selbst der Pfaff vom Kahlenberg, so schildert es die um 1450 entstandene schwankhafte Versgeschichte, war sich nicht zu gut, auf diese Weise das Vieh zu hüten, als die Gemeinde keinen Hirten hatte und die Bauern abwechselnd das Vieh austreiben mußten:

„2017. Er gieng in seinem Meßgewant
Gaysel und kolben nam er in die hant,
Ein glöcklein er auch an sich hieng,
Da er hinden nache gieng
Und sang mit lautter stimme alsus:
‚Ego sum pastor bonus'."

Neben Glocken verwendeten die Hirten den Ringstock, den sie den Tieren schon auch einmal nachwarfen, wenn sie gar zu ungebärdig waren. Der Ringstock, Klirrstock, Klingl- oder Klinslkolben ist teilweise heute noch in weiten Teilen Osteuropas, einschließlich Ostösterreichs (schon Fürst Metternich war

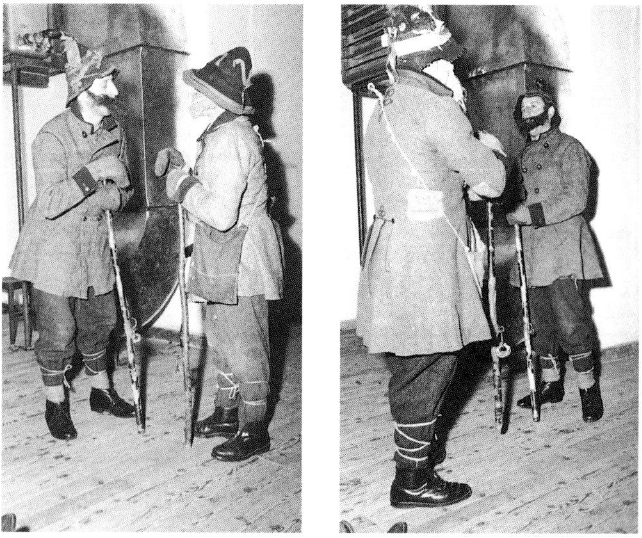

Hirten mit dem Ringstock. Szenen aus dem Paradeis- und Hirtenspiel in St. Georgen ob Murau, Steiermark, 1968 (Foto: Helmut P. Fielhauer)

„Speisglocken“ für den Almabtrieb in Brandenberg, Tirol
(Foto: Ludwig Rupprechter)

der Meinung, daß am Rennweg in Wien der Balkan begänne), in Gebrauch. Das Hirtenattribut ist an der Spitze mit Eisen beschlagen und trägt einen eisernen Ring mit mehreren kleinen Ringen, die bei jeder Bewegung klingeln.

Glocken und Schellen fürs Vieh wurden in der Nürnberger Polizeiordnung vom 13. bis ins 15. Jahrhundert sogar per Gesetz verordnet; und noch 1857 in Thüringen „darf ein Hirte gesetzlich ohne Schellen nicht in den Wald treiben“. Das Geläute diente hier der Kontrolle durch die Arbeitgeber, ob der Hirt das Vieh auch nicht im Jungwald weidete, was für den Hirten vielleicht bequem gewesen wäre, der Gemeinde aber Schaden zugefügt und den Nutzungsrechten widersprochen hätte. Der Diebstahl der Viehglocken wurde schwer bestraft.

Ein schönes Herdengeläute zu haben, gehörte zum Prestige, und oft wählten die Bauern oder Hirten die Glocken stundenlang aus, um eine schöne Tonfolge zu erzielen. Deshalb sind es vor allem die Volksmusikforscher, die sich mit dem Herdengeläute beschäftigen. Sie nehmen es mit der Differenzierung der Läutinstrumente sehr genau und unterscheiden die geschmiedeten Schellen, die etwa die Form dessen haben, was Laien als „Kuhglocken“ bezeichnen, die gegossenen Glocken, die auch „Speisglocken“ genannt werden, und die kleinen Rollschellen, in deren Inneren sich als Rasselkörper kleine Eisenkugeln befinden.
Die Thüringer Herden hatten Geläute, die „nach der Bergmannscither gestimmt“ (K. Hörmann) waren. Die ungarischen

Hirten benötigten, um das Geläut einer Rinderherde zusammenklingen zu lassen „wie der Primas einer Zigeunerkapelle mit dem zweiten Geiger, der Klarinette, dem Cymbal und dem Kontrabaß" (Bàlint Sárosi), mindestens zwei schwere Herdenschellen, fünf Viehschellen mittlerer Größe und sechs Glocken. Die Rollschellen waren für das Jungvieh. Nur die Schweine erhielten keine Glocken, außer der Leitsau, der man eine kleine viereckige Schelle um den Hals band.
Rollschellen wurden allerorts für die Fuhrwerke verwendet. Vor allem die Bauernschlitten im Winter kamen mit Schellengeklingel daher, denn Hufe und Kufen hört man im Schnee nicht.

Angefertigt wurden diese Läutinstrumente meist von Dorfhandwerkern oder Bauern im Nebenerwerb, die sowohl den heimischen Bedarf deckten als auch Märkte außerhalb belieferten. Die Kleinglockengießer von Außerfern in Tirol pflegten als umherziehende Händler ihre Waren selbst zu verhökern. Die Schellenschmiede vom Oberinntal verkauften ihre Kuhschellen vom Vinschgau bis nach Schwaben und in die Schweiz. Ihre Schellen waren nach der Tonleiter gestimmt und bildeten zu dritt ein Sentumspiel. Sie wurden aus alten Sensen, später auch aus Stahlblech zusammengenietet und mit Messing und Kupfer überzogen. Die slowakischen Schellenmacher von Jelsava belieferten vor dem Ersten Weltkrieg die Märkte Osteuropas bis nach Griechenland und in die Türkei. Kleinere Schellen wurden von den Pfannenschmied-Zigeunern angefertigt, die damit bis weit nach Österreich hinein, vor allem in der Steiermark schwunghaften Handel trieben, auch wenn man der Güte ihrer Erzeugnisse nur zu oft mißtraute.

Hexenglocke

„Der geweihte Schall
Ist der Hexen Fall
Und vertreibt die Geister überall."
(Glockeninschrift)

Zahlreiche Sagen rühmen die Glocken als probates Mittel der Hexenabwehr; Glocken, die sich dabei besonders bewährten, wurden Hexenglocken genannt. Es soll unter anderen eine derartige Hexenglocke in der Wildschönau in Tirol gegeben haben; auch der mächtig tönende „Stier" von Kastelruth, die „Mooskuh" von Lana und die „Jacobi-Hündlein" von Kaprun sollen gut gegen allen Zauber gewesen sein. Die Hexen und die Zauberer konnten freilich diese Glocken nicht leiden, bedachten sie mit den wenig schmeichelhaften Tiernamen und trachteten, sie durch Muren, Steinwürfe oder Unterwaschungen der Kirchtürme für immer zum Schweigen zu bringen oder ihnen wenigstens den Klang zu rauben. Es soll sogar vorgekommen sein, daß die Hexen voll Wut ganze Stücke aus dem Mantelsaum der Glocken bissen. Die Aufgeklärten meinten freilich zu wissen, daß diese Hexenmale von allzu langem und allzu hastigem Läuten kämen: „Anno 1526 ward dies Glögglein 24 stunden tag und nacht fir allerley böse zauber, hexerei... geläutet, wobei selbiges sich also erhitzet, dass es seine gestalt verändert", berichtet die Chronik von Veringen über das Glöcklein der Schloßkapelle.

Hochzeitsglocken – riefen das Brautpaar und die Hochzeitsgäste zur Kirche. Ihr Klang, der auf den Verlauf der Ehe schließen ließ, scheint sich etwas abgenützt zu haben. Die Zahl der Scheidungen nimmt zu.
Im Allgäu pflegte der Mesner am Hochzeitstag nach dem Frühgebetläuten zu Ehren des Hochzeiters, aber nur wenn dieser noch Jüngling war, eine Runde weiterzuläuten, was man „Schreckläuten" nannte. Die Etymologie der Bezeichnung ist ungeklärt und damit auch, wem das Schrecken galt.

Hundeglocken werden in Uganda, bei den Bantus in Afrika oder bei den Tschuktschen in Sibirien um den Hals der Jagdhunde gehängt, um sie auf die rechte Fährte zu bringen und vor Schlangenbissen zu schützen.

Irrglocken – sollten Verirrten den Weg weisen. Viele, die auf diese Weise Rettung gefunden hatten, stifteten zum Dank ein Geläute von längerer oder kürzerer Dauer für bestimmte Zeit, um auch andere in den Genuß ähnlichen Segens kommen zu lassen.

In Rußland wurde um die Mitte des vorigen Jahrhunderts das Läuten der Dorfglocken bei Schneestürmen, sei es bei Tag oder bei Nacht, polizeilich angeordnet. Sicher rettete auch das Glöcklein vom Kloster auf dem St. Bernhard in der Schweiz so manchen vor dem kalten, weißen Tod. Allerdings – der Klang der Schneeglocke von Brilon in Westfalen, die, wie die Chronik des Minoritenklosters berichtet, seit 1506 von Martini (11. Nov.) bis zum 1. Mai täglich um 9 Uhr zu läuten war, war nicht immer der richtige Wegweiser: „Freilich verirrte sich trotzdem am 7. Decbr. der Pater Chrysostomus Hirsch, der zwischen 3 und 4 Uhr nach Scharfenberg losgegangen war,

im Schneesturm so, daß er die Nacht unter freiem Himmel zubringen mußte und in dieser einen Nacht ganz grau wurde."
Die Glocken von den Leuchttürmen zu Dieppe und zu St. Valery oder vom Bell Rock (Glockenfelsen) an der Ostküste von Schottland wiesen den im Nebel verirrten Schiffen den Weg.

Die Sagen erzählen auch von Glocken, meist sind es die Glocken des Heimatortes, die die Verirrten, so sie Gott und die Heiligen recht inbrünstig um Hilfe baten, ganz von selbst auf den rechten Weg führten. War der Verirrte auf dem richtigen Weg, gab die Glocke nur kurze Zeichen, war der Weg falsch, läutete sie unaufhörlich. So gelangten die Verirrten glücklich nach Hause und zeigten sich den Glockenbesitzern durch reiche Geschenke erkenntlich.

Käseglocke nennt man einen Teller aus Holz, Glas, Porzellan oder ähnlichem mit einem dazu passenden, gut abschließenden glockenförmigen Deckel zum Aufbewahren oder Servieren von Käse. „Quargelsturz" sagen die Wiener dazu, und einer, der unter dem Quargelsturz sitzt, mag wohl allzu gut behütet sein.

Kirchenglocke **–** Glocken wurden im Zuge der zunehmenden Wertschätzung durch die Kirche schon seit dem 8. Jahrhundert gesegnet bzw. geweiht. Die ältesten Belege dafür stammen aus Gallien. In der zweiten Hälfte des 9. Jahrhunderts sind die Hauptelemente des Ritus ausgebildet: Die Besprengung und die Waschung der Glocke mit eigens gesegnetem Wasser, die Salbung der Glocke mit Chrisamöl, die Beweihräucherung und die Orationen, in denen die Aufgaben der Glocke aufgezählt werden, wozu bis vor kurzem auch noch die Abwehr von Dämonen und Unwettern gehörte. In Anlehnung an die alte Benediktionsformel erhielten daher viele Glocken die Inschrift: „Vivos voco, mortuos plango, fulgura frango" – „Die Lebenden rufe ich, die Toten beklage ich, die Blitze breche ich". Vielfach wurden, um ihre Segenswirkung zu verstärken, die Glocken bestimmten Heiligen zugeeignet und erhielten deren Namen.
Die Glockenweihe macht die Glocke zum Sakramentale, zur res sacra. Sie dürfte bald zu Mißverständnissen und Mißbrauch Anlaß gegeben haben. Schon Karl der Große ordnete 789 in seinen Kapitularien an, man solle die Glocken nicht „taufen". Offensichtlich hatten sich hier, unterstützt vom Wortlaut der Orationen, die allzu nahe an die unchristlichen Vorstellungen der Dämonen- und Unwetterabwehr herankamen, und durch

Segnung (Weihe) einer Glocke mit Namengebung
Zürich 1748. Stich von David Herrliberger nach Entwurf
von Bernard Picart (Bildarchiv der ÖNB)

Glockenweihe in Flirsch, Tirol

die Waschung und Namengebung, die leicht mit der Taufe verwechselt werden konnten, Deutungen eingeschlichen, die die Grenze zum tolerierbaren Aberglauben überschritten.

Im 16. Jahrhundert wurde die Glockenweihe vollends Gegenstand der Auseinandersetzung zwischen Protestanten und Katholiken. Die Protestanten lehnten die Glockenweihe ab und führten eine „Glockenpredigt“ ein. Die evangelischen Glocken erhielten nun, gleichsam justament, die Inschrift: „Fulgura non frango“ – „Ich breche keine Blitze“. Heute ergäbe sich wahrscheinlich weniger Anlaß für Konflikte, denn 1978 wurde der katholische Weiheritus wesentlich vereinfacht, und die Bitte an Gott lautet nun:

> *„Segne diese Glocke, die dein Lob kündet. Sie soll deine Gemeinde zum Gottesdienst rufen, die Säumigen mahnen, die Mutlosen aufrichten, die Trauernden trösten, die Glücklichen erfreuen und die Verstorbenen auf ihrem letzten Weg begleiten. Segne alle, zu denen der Ruf dieser Glocke dringen wird, und führe so deine Kirche von überallher zusammen in dein Reich.“*

Die Kirchenglocken läuten zu den täglichen Gebeten und rufen zur Messe. Ihr Klang wird in unzähligen Gedichten und Geschichten als idyllisch, anheimelnd, vertraut und wohltuend gelobt. Trotzdem scheint er seinerzeit etwas ungemein Verpflichtendes gehabt zu haben, und es konnte übel ausgehen, dem Ruf der Kirchenglocken nicht zu folgen:

> *„...Die Mutter sprach: Die Glocke tönt,*
> *Und so ist dir's befohlen,*
> *Und hast du dich nicht hingewöhnt,*
> *Sie kommt und wird dich holen.“*
>
> (Goethe: Die wandelnde Glocke)

Die Glocke kam ja denn tatsächlich hinter dem Kind her und trieb es in die Kirche. Das kam nicht von ungefähr. Denn obwohl Joseph II. im aufklärerischen Eifer viele der Privilegien der Kirche beschnitt, ja abschaffte, wußte er genau, daß die Religion die Leute regieren half. So erließ er 1753 eine Verordnung, die das Volk zur Osterbeichte und damit zum regelmäßigen Kirchenbesuch verpflichtete: Der Nachweis erfolgte durch die Abgabe der sogenannten Beichtzettel. Der Kirchenbesuch diente nicht nur dem Seelen-, sondern auch dem Staatsheil.

Die Kirchenglocken dienten vielfach auch profanen Zwecken. Um die Anlässe auseinanderhalten zu können, wurden sie auf verschiedene Weise zum Klingen gebracht. Sie wurden in Abständen geläutet, man nahm nur eine oder zwei Glocken oder alle zusammen, sie wurden einseitig oder beidseitig, mit Hammer oder Klöppel angeschlagen. Zu freudigen und festlichen Anlässen, wie Weihnachten, Neujahr und anderen Hochfesten des Jahres, sollten die Glocken selbstverständlich schöner als sonst klingen. Da waren es meist die Burschen, die die Kirchenglocken mit Händen und Füßen nahezu wie ein Glockenspiel zu handhaben wußten. In Deutschland hatte man dafür die Bezeichnung „beiern" oder „beijern", und der Klöppel wurde dabei geschickt mit der Hand an die unbewegte Glocke geschlagen. In England gab es eigene Vereinigungen junger Männer, die das Spiel mit den Glocken übten. Bei den Slowenen in Jugoslawien ist das kunstvolle Glockenschlagen noch vor wenigen Jahren dokumentiert und von den Volksmusikforschern mit der Bezeichnung „pritrkavanje" belegt worden.

Die ständige Gegenwart der Kirchenglocken im Alltag und zu den Festtagen, ihre Weihe und ihre Interpretation durch die Kirche haben dem Aberglauben Tür und Tor geöffnet. Bei so viel Wertschätzung mochten die Kirchenglocken und ihre Bestandteile schon für allerlei gut sein. Und so vermeinte man, daß das abgefeilte Metall gegen die Fallsucht und das Fieber hülfe und die Kühe vor Krankheiten bewahre. Der Klöppel könnte gestohlenes Gut wiederbringen, sobald die Reste des Diebsgutes herumgewickelt würden. Wenn er aber herunterfiele, so wäre dies ein böses Omen. Die gebrauchte Glockenschmiere oder das Glockenschmalz, mit dem die Hängevorrichtungen vor allzu schneller Abnützung geschützt wurden, sollte gegen Rachitis und Schwerhörigkeit, gegen Bruchleiden und Sprachlosigkeit helfen. Der Domküster vom Blasiusdom in Braunschweig machte um die Mitte des vorigen Jahrhunderts gute Geschäfte, als er die Schmiere als Heilmittel gegen offene Wunden verkaufte. Auch dem Glockenstrang schrieb man Heil- und Zauberkräfte zu, und wer sich so ein Seilende um Arm und Hand wickelte, konnte zur Nachtzeit auf dem Friedhof arme Seelen fangen. Was er damit wohl gemacht haben mag, wo es doch schon bei Lebzeiten genug arme Seelen gibt?

Manchem Dieb werden die Kirchenglocken noch heute zum Verhängnis:

> *„Einbrecher schlagen mit Kirchenglocken Alarm. Ampfing, 10. Juni (dpa). ‚Da hat wohl der Allerhöchste per-*

sönlich eingegriffen.' So kommentierte ein Sprecher des bayerischen Landeskriminalamtes die Tatsache, daß Einbrecher die Glocken der katholischen Pfarrkirche St. Margarete im oberbayerischen Ampfing ausgelöst haben. – Unbekannte hatten in der Sakristei drei Holzschränke mit Meßgewändern und Inventar in Brand gesteckt. Durch die starke Hitzeentwicklung kam es zu einem Kurzschluß mit der Folge, daß die Kirchenglocken mitten in der Nacht zu läuten begannen. Nachbarn wurden so auf das Feuer aufmerksam und alarmierten die Feuerwehr..." (Tagesspiegel, Dienstag 11. 6. 1991, S. 32)

***Kriegerglocken* –** Nach erfolgreicher Kopfjagd durften sich die To-Napu auf Celebes die Kriegerglocken an den Gürtel hängen.

Maiglöckchen (Convallaria majalis) – Das Maiglöckchen gehört zur Gattung der Liliengewächse. Obwohl es der Gehalt an Glykosiden giftig macht, liefert es im Sinne der Homöopathie die Grundstoffe wichtiger Mittel gegen Herzkrankheiten. In der Tafelmalerei des Mittelalters erscheint das Maiglöckchen als Marienblume. Das Maiglöckchen läutet den Müttern Liebe zum Muttertag.

***Marktglocke* –** Auf den Märkten sorgte die Glocke für Recht und Ordnung. Märkte gibt es, es ist nicht übertrieben, seit Jahrtausenden; waren sie doch die überschaubarste, am besten überwachte und gegen Betrug abgesicherte, mit einem Wort, die reellste Form des Tauschhandels, wie das um 1270 von Etienne Boileau verfaßte „Livre des metiers" hervorhebt: Es „besteht guter Grund, daß die Lebensmittel auf den Markt gelangen und daselbst auf Qualität und Redlichkeit geprüft werden können... denn an den auf offenem Markt verkauften Gütern kann arm und reich gleichermaßen teilhaben" (nach: F. Braudel). Wir unterscheiden bis heute: täglich stattfindende Märkte, Wochenmärkte, Jahrmärkte und Messen.

Überwiegend waren es die Städte und größeren Ortschaften, die ein- oder mehrmals die Woche Märkte unterhalten durften, wo der Großteil des Güteraustausches erfolgte. Die Dörfer waren die Zulieferer für den städtischen Markt. Kein Wunder, daß die städtische Obrigkeit in diesem so entscheidenden Bereich für strenge Aufsicht und straffe Organisation sorgte, die von der Glocke reglementiert wurde. Als es in der zweiten Hälfte des 16. Jahrhunderts mit dem Bevölkerungszuwachs zu

Glockenzug, gestickt von Bertha Hoevel im Alter von 102 Jahren (Foto: Friedrich Dürler)

Sakristeiglocke von F. Grandegger in der Pfarrkirche Schönbrunn-Vorpark, Wien (Foto: Th. Mannsbarth)

Glockenzug mit Sektkorken (Foto: Friedrich Dürler)

einem weiteren Aufschwung der Märkte kam, war die Obrigkeit erst recht auf gewisse Vorteile bedacht. Damit entstand Zank und Streit, und man forschte in alten Urkunden nach, wer die Marktgebühren einheben durfte und wer die Kosten für die Ausstattung des Marktes mit Laterne, Kreuz, Waage, Verkaufsständen und mit einer Glocke zu tragen hätte.
Bevor das Glockenzeichen ertönte, durfte kein Händler mit dem Feilschen beginnen. Die Fischer jedoch durften die Glocke läuten, sobald sie frische Fische feilhatten; die verderbliche Ware mußte rechtzeitig unter die Leute gebracht werden. Die Wirte wiederum konnten läuten, wenn ihnen der einheimische Wein ausgegangen war, um festzustellen, ob noch jemand Wein abgeben konnte, bevor sie mit dem Import „ausländischer“ Ware begannen; denn man wollte den „Binnenhandel“ fördern und „Importe“ hintanhalten.

Neben den Tages- oder Wochenmärkten für die Güter des täglichen Bedarfs erhielten viele Orte das Privileg, ein- bis viermal jährlich, oft am Fest des Kirchenpatrons, Jahrmärkte abzuhalten. Diese Jahrmärkte zogen viele Händler von außerhalb an, die Geschmack am Wanderleben fanden, wenn es auch nicht so einfach war, die vielen Jahrmarkttermine zu koordinieren. Da konnte der kluge und regsame Basler Andreas Ryff, der in der zweiten Hälfte des 16. Jahrhunderts unermüdlich nach allen Richtungen auszog und pro Jahr durchschnittlich dreißig Reisen unternahm, schon von sich sagen: „Hab wenig Ruh gehabt, daß mich der Sattel nicht an das Hinterteil gebrannt hat.“ (nach: F. Braudel) Und immer wurde er von den Glocken begleitet, denn die Jahrmärkte wurden ein- und ausgeläutet. Aus Österreich wissen wir, daß z. B. der Grazer Jahrmarkt bis ins 18. Jahrhundert schon 14 Tage vor dem eigentlichen Beginn durch Geläute angekündigt wurde, um den zureisenden Händlern freies Geleit zuzusichern. Die Glocken riefen die Kauflustigen von nah und fern herbei, verkündeten die Marktfreiheit, die rechtlichen Erleichterungen für Kauf und Verkauf, und die Sicherheit der Marktbesucher.

Messen dienten dem Groß- und Fernhandel. Phönizier, Ägypter, Griechen usw. trieben Handel mit fremden Ländern und suchten Möglichkeiten für den Warenaustausch. Die Messe von Troyes in Frankreich soll schon in römischer Zeit bestanden haben und die Messe von Lyon 172 n. Chr. eingeführt worden sein. Messen wurden zum Treffpunkt der Großen der Geschäftswelt, wo nicht selten 50.000 Besucher und mehr zu zählen waren. Selbstverständlich überließen Kaiser und Könige die Kontrolle nicht den kommunalen Obrigkeiten, sondern sahen hier selbst nach dem Rechten. Dementsprechend aufwendig wurden die Messen abgehalten:

„Während von vier Uhr morgens an ununterbrochen Glocken läuten, Trommelwirbel erklingen, Feuerwerke und Freudenfeuer abbrennen, wird die Stadt von Spaßmachern und Quacksalbern, von Wahrsagerinnen, Gauklern, Taschenspielern, Seiltänzern, Zahnausbrechern, fahrenden Musikanten und Sängern überschwemmt. Zur Eröffnung veranstalten die Ratsherren einen Umzug, bei dem sie selbst Schweifkappen tragen, während vor ihnen Männer in langen Talaren mit Riesenmengen Geld einherschreiten. Hochgestellte Persönlichkeiten nehmen an diesen offiziellen Prozessionen teil." (nach: F. Braudel)

Die Schilderung stammt aus dem französischen Carpentras und mag für alle Messen gelten, die in den Städten Europas, von Linz bis Paris, abgehalten wurden. Uns interessiert dabei vorwiegend das Glockengeläute, das den Trubel feierlich überhöhte und Beginn und Ende anzeigte. Ähnlich ordnete schon die Kölner Mess-Ordnung 1360 an: Wenn die „messe angheit, so sol man die klocke zu dem grossen St. Martin luden, as lange dat men eyne mile weit riden muchte... Und as die messe usgheit so sol man dieselve klocke ever luden." Auch hier wurde Besuchern und Händlern freies Geleit zugesichert, solange sie sich im Bereich des Glockenschalls, der Bannmeile, befanden.

Meßglocke **–** Da die Kirchenschriftsteller und -väter die Glocke erst zu einer Zeit akzeptiert hatten, als die Liturgie in ihren wesentlichen Teilen ausgebildet war, gibt es kaum Vorschriften, die den Gebrauch der Glocke während des Gottesdienstes regeln. Nur am Gründonnerstag und bei der Auferstehung zu Ostern schrieb das Missale vor, daß Orgel und Glocken „geschlagen werden sollten". Da scheint es sich eher um einen festlichen Lärm zur Erhöhung der Freude als um den rituellen Gebrauch gehandelt zu haben. Trotzdem hat es sich im Lauf der Zeit eingebürgert, daß vor und während der Messe Glocken zum Einsatz kommen:

Die Sakristeiglöckchen am Glockenzug neben der Tür künden den Einzug des Priesters in den Altarraum und somit den Beginn der heiligen Messe an. Die Altarschellen oder -cymbeln werden von den Ministranten zum Offertorium, zum Sanctus, vor und nach der Wandlung und beim Agnus Dei, wenn sich die Sünder an die Brust klopfen sollen, beim Segen mit dem Allerheiligsten und bei theophoren Prozessionen geschwungen. Vorschrift ist das allerdings höchstens beim Sanctus und bei der Elevation, dem Hochheben der Hostie und des Kelches bei der Wandlung. Ein „Sanctusglöckchen", das auf die Wandlung aufmerksam macht, wird 1399 erwähnt. Man nimmt an, daß die Glockenzeichen zur Wandlung gleichzeitig mit der Elevation im 12. Jahrhundert eingeführt wurden, um den Gläubigen das Wunder der Wandlung von Brot und Wein in den Leib und das Blut des HERRN nicht nur schaubar, sondern auch hörbar zu machen.

Die großen Glocken am Kirchturm können gleichfalls die sakrale Handlung begleiten. Das „Zusammenläuten", vor der Messe bis zu dreimal jeweils mit einer Glocke mehr, ruft als Sonntags- oder Predigtglocke schon mindestens seit dem 8. Jahrhundert das Kirchenvolk zur Messe. Das Wandlungsläuten erfolgt ebenso in drei Absätzen und verkündet denen, die nicht zur Messe kommen konnten – oder wollten, daß sich das Wunder vollziehen wird. Es wurde angeblich um 1260 vom Bischof von Passau verordnet. Böse Zungen könnten behaupten, es wäre eingeführt worden, um auch jene an ihre sonntägliche Pflicht zu mahnen, die den Frühschoppen im Wirtshaus der allzu frommen Predigt vorziehen. Denn irgendwo hatten sie läuten gehört, daß die Sonntagspflicht auch dann noch als erfüllt gilt, wenn man der Messe erst ab der heiligen Wandlung beiwohnt. Manchmal freilich kann das zu spät sein. Der Schlosser vom Stock im Eisen in Wien unterschätzte die Zeit, die er zur Kirche brauchen würde; und als er endlich hinkam und der Priester schon nur mehr den Segen gab, da hat den Schlosser der Teufel geholt (Gustav Gugitz).

Mittagsglocke – Das Geläute zu Mittag war das willkommene Zeichen für die Arbeitspause und selbstverständliche Mahnung zum Gebet. Es mußte nicht immer um zwölf Uhr geläutet werden; in manchen Gegenden hielt man schon um elf Uhr Mittag. Da hieß es dann eben Elf-Uhr-Glocke.

Mordglocke – hieß in Straßburg die Sturmglocke. Sie wurde nur in höchster Not bei Feindeseinfall geläutet zum Zeichen für die Sammlung der Zünfte:

„1375, als eine große armee von so genannten Engelländern über die steige herab ins Elsaß eingefallen, und übel darinn gehauset. Da sie zu zweyen malen gegen die stadt gezogen, wurde auf gegebenes zeichen vom mün-

Vánoční pozdrav!

Frohe Weihnachten
und ein glückliches Neues Jahr

FRÖHLICHE
OSTERN

Fröhliches Neujahr

Die besten Grüße
zum Weihnachtsfest

Fröhliche Ostern

ster herab die sturm- oder mordglocke angezogen, worauf sich die handwerker in ihrer rüstung vor dem münster versammelt...“

Und als Straßburg 1618 von französischen Truppen besetzt wurde, fing man an, „umb 2 uhren gegen tag die mordglocke zu leuthen, dessen ursach gewesen, daß die franzosen die Zollschanzen occupiert und eingenommen“. (J. Silbermann, Localgeschichte der Stadt Straßburg, 1775)

Morgenglocke – In den Weistümern wird die Morgen- oder Frühglocke meist in Verbindung mit der Abendglocke genannt und legte in allgemein kenntlicher und verbindlicher Weise den Beginn des Arbeitstages fest. Sahen die Weistümer eine derartige Regelung nicht vor, so wurde sie mitunter recht heftig eingefordert. In einem Rechnungsbuch der Stadt Preetz in Schleswig-Holstein ist eingetragen: „Habe die schneider allhier zu sich fordern lasse M.J.H. damals gewesen pastor allhier, auf ihren Maitagk, und begehret und gebeten, sie wollten gerne, daß man abends und morgends sollte die betglocke slan, des sommers des morgens Glocke 5, des mittags Glocke 12, des abends Glocke 8.“ – Die Arbeitszeitforderungen waren damals offensichtlich recht bescheiden.

Die Morgenglocke rief die „frönling“ zur Arbeit. Sie gab das Zeichen, daß die Torwächter die Stadttore öffnen sollten. Die Schmiede und Schlosser, die Bäcker und die Hausfrauen wußten jetzt, daß sie das Feuer in Esse, Backofen und Herd wieder entfachen durften. Und die Raufbolde konnten wieder zu Wehr und Waffen greifen, deren Tragen des Nachts verboten war.

Narrenglocke – wurde das letzte Abendläuten in Ulm genannt, das gemäß den behördlichen Vorschriften die säumigen Zecher, die unvernünftigen „Narren“, zur Heimkehr aufforderte, „weill die witzigen selber ohne dieser glockhen vermahnung wissen heimb zu gehen.“ (Schwäbisches Wörterbuch IV, 1951)

Naturglocke – Glöckchen, die weder aus Holz noch aus Metall, sondern aus Tierkörpern, Hummerscheren und Muschel-, Schnecken- oder Fruchtschalen mit Eberzahnklöppeln gemacht werden, nennt die Glockenforschung „Naturglocken“. Man findet sie in Afrika, in Asien und in der Südsee: Auf Neuguinea wird die Kokosglocke umgehängt, an der Blanchebucht

EIN BERGFROHES NEUES JAHR
WÜNSCHT DIE
BERGSTEIGERGRUPPE DES Ö.T.K.

die hellklingende Nautilusschale mit einem Stöckchen zum Tanz geschlagen, auf Neuirland in der Südsee Fruchtschalen von den Häuptlingen zum Tanz getragen usw. In Afrika dient die Fruchtglocke als Viehglocke.

Neujahrsglocke – Das alte Jahr muß aus-, das neue eingeläutet werden. Nicht immer ging es da mit rechten Dingen zu, wie Tobies Veck in Charles Dickens' (1812–1870) Gespenstergeschichte „Die Sylvester-Glocken" von „etwelchen Glocken, die ein altes Jahr aus- und ein neues einläuteten" nachdrücklich am eigenen Leibe erfahren mußte, als ihn die Glockengeister Vergangenes und Künftiges schauen ließen.

Das Neujahrsläuten war vielfach ein Vorrecht der Burschen, die es auch nach Kräften ausübten, sodaß so mancher gestrenge Pfarrherr sich zum Einschreiten gezwungen sah: „Die Sitten gewisser Nachtgeläute haben wir als Unsitten hier nicht. Ein Pastor hat z. B. das Neujahrsgeläut als gräßliche Unsitte mit Knüppel und Gericht abgeschafft. Dergleichen rührt man lieber nicht wieder auf; denn die Herren dort haben keine Ahnung von den Unsitten, die damit verbunden sind“, berichtet ein Pfarrer aus der Lausitz, den der Volkskundler Paul Sartori in den zwanziger Jahren nach den Glockenbräuchen befragte. Das Neujahrsläuten konnte jedoch nie ganz abgeschafft werden. Für die Österreicher wird das neue Jahr von der Pummerin im Stephansturm eingeläutet. Man hört sie im Radio, sieht sie im Fernsehen, die Polizei ist im Großeinsatz – Prosit Neujahr!

Osterglocke

„Welch tiefes Summen, welch ein heller Ton
Zieht mit Gewalt das Glas von meinem Munde?
Verkündiget ihr dumpfen Glocken schon
des Osterfestes erste Feierstunde?“

(Goethe: Faust, I. Teil)

Die Faust'sche Tragik erkennt noch nicht die österliche Frohbotschaft, die „erste Feierstunde“ ist von Schmerz und Tod überschattet. Faust kann den Glockenton – tief, hell, dumpf – nicht deuten. In der Auseinandersetzung klingt jedoch das Ende an: Gerettet!

Von Gründonnerstag bis zur Auferstehungsfeier sind die Glocken stumm zum Zeichen der Trauer um das Sterben Jesu. Sie „fliegen“ nach Rom, um dort repariert, neu gesegnet oder geölt zu werden oder um mit dem Papst Wecken, Milch und

Ratscherbuben in Rohrbach, Burgenland, 1962
(Foto: Helmut P. Fielhauer)

Reisbrei zu essen. Statt ihnen sagen Holzklappern und Ratschen die Betzeiten an. In vielen Städten gab es bis ins 19. Jahrhundert auf den Kirchtürmen riesige hölzerne Ratschen oder Klappern, die man „Karfreitagsglocken“ nannte. Neben Wien und München ist auch für Braunschweig bezeugt, daß unter den siebzehn Glocken des Braunschweiger Domes die Karfreitagsglocke „eine hölzerne gewesen, davon hängt noch (1707) ein hölzerner Hammer und ist nur am Char-Freytag, da andere Glocken nicht gezogen werden, im Papstthurm damit geläutet“ (G. Gugitz). Noch 1990 wurden in Wien zwei Turmratschen gezählt. Wo in der Kirche derlei Instrumente mangeln, übernehmen es die Ratscherbuben, die Zeit auszurufen und zum Gebet zu mahnen: „Wir ratschen, wir ratschen den Englischen Gruß, den jeder katholische Christ beten muß...“

Postglocke

Bote der hamburgischen Fußpost, 1808
(Deutsche Postreklame)

***Primglocke, Bräunglöcklein* –** Das „Curiositäten- und Memorabilien-Lexikon von Wien" des Realis (hg. v. Anton Köhler), Wien 1846, vermerkt:

> *„Der Name dieser Glocke bei St. Stephan ward im Munde des Volkes zum Breinglöcklein, was Anlaß zu der Sage gab, es würd geläutet zum Gedächtniß einer in Wien geherrschten Krankheit, die Bräune (= Diphtherie, Anm. d. V.). Sie sollte ursprünglich den Chorherren das Zeichen zur ersten Andacht geben... Unter Joseph II. am 17. Jänner 1784 wurde dasselbe zum letzten Mal geläutet, nachdem es sich den Bewohnern Wiens durch 420 Jahre ununterbrochen täglich zweimal hatte hören lassen."*

Die Primglocke zu St. Stephan in Wien soll 1365 Erzherzog Rudolph IV. gestiftet haben. Vielleicht aufgrund ihres ehrwürdigen Alters ist die Primglocke eine jener Glocken, die nahezu die gesamte ältere Glockenliteratur mit jeweils verschiedener Deutung aufgreift: Sie soll ihren Namen nach dem Geläut zur Prim, dem frühesten Chorgebet, zu dem die Chorherren geweckt wurden, haben; wir können annehmen, daß dies die richtige Auslegung ist. Andere wollen ihren Namen dadurch erklären, daß sie zum Seelenamt des Astronomen Johann Prim zu läuten bestimmt war. Wieder andere leiten Prim von böhmisch „prym" = Bräune ab...
Der seitliche Eingang im hohen Turm des Stephansdomes heißt bis heute „Primglöckleintor".

***Ratsglocke* –** Hörte ein Ratsherr „seine" Glocke, mußte er sich auf den Weg machen, um rechtzeitig zur Sitzung des Rates anwesend zu sein. Der Ratsglocke war auch dann Folge zu leisten, wenn keine mündliche Ladung vorangegangen war. Sie machte die Öffentlichkeit der Ratsversammlung deutlich. Wenn auch eine Teilnahme aller Bürger an den Ratsversammlungen nicht mehr möglich war, sollten die Bürger immerhin wissen, daß jetzt wieder einmal über ihr Wohl und Wehe entschieden würde.
Die Ratsglocke konnte eine bestimmte Glocke des Kirchengeläutes sein, sie konnte im Rathaus hängen oder einfach eine Glocke sein, über die der Rat die Verfügungsgewalt hatte und die er bei Bedarf läuten lassen konnte. Die Ratsherren von Wien verfügten nach der Türkenbelagerung 1683, daß täglich gegen 7 Uhr abends die Ratsglocke geläutet werde zur dankbaren Erinnerung, daß um diese Stunde das Entsatzheer angerückt war.

***Rinderglocken* –** Die Ethnologen und Musikinstrumentenforscher bezeichnen Glocken, die bei afrikanischen Stämmen um den Hals der Opfertiere gehängt werden, zum Unterschied von den Herden- oder Viehglocken als Rinderglocken. (C. Sachs)

***Rotzglocke* –** Die vor allem bei hoffnungsvollem Nachwuchs ehemals weitverbreitete Rotzglocke tat unmißverständlich kund, daß die Stofftaschentücher nur im Besitz von Privilegierten und die Papiertaschentücher noch nicht erfunden waren.

„Rotzglocke" ist ein Synonym für „Sauglocke".

***Rufglocke, -glöcklein* –** Als es kaum Zeitungen und schon gar kein Radio oder Fernsehen gab und amtliche Bekanntmachungen auf Straßen und Plätzen ausgerufen werden mußten, zeigte das Rufglöcklein an, daß sich die Leute versammeln sollten, um die wichtige Nachricht, die da „an die große Glocke gehängt" wurde, zu hören.

***Sauglocke* –** Am Wirtshausstammtisch geht es mitunter – oder öfters? – derb zu. Da soll die Sauglocke Einhalt gebieten, ehe die Witze für Damen immer ungeeigneter werden. Die Einrichtung der Sauglocke geht angeblich auf den Wiener Journalisten und Schriftsteller Franz Castelli (1781–1862) als Mitglied der Künstlergesellschaft „Ludlam" zurück, der unter anderem auch der junge Grillparzer angehört haben soll. In der Ludlamshöhle versammelten sich die jungen Künstler des Vormärz, um unter dem Vorwand der Unterhaltung und des geselligen Beisammenseins der gestrengen Zensur zu entgehen. Der Ludlamsspaß soll mitunter recht deftig gewesen sein.

„Sauglocke" oder „Säuli" ist aber auch ein häufiger Glockenname in der Schweiz; „sau" bedeutet in alemannischen Mundarten nichts anderes als „groß".

***Saugglocke* –** Lexika definieren die Saugglocke als „halbkugelförmiges medizinisches Gerät, in dem nach dem Aufsetzen auf die Körperoberfläche ein Unterdruck hergestellt wird; sie wurde ursprünglich zur Saug-Druck-Massage, später auch zur Bestimmung der Kapillarresistenz sowie als Milchpumpe verwendet".
Weniger wissenschaftlich wurde die Saugglocke aus Glas, später auch aus Gummi, „Schröpfkopf" genannt. Die Medizin vergangener Tage kannte das trockene und das blutige Schröpfen, wobei bei dem einen der erwärmte Schröpfkopf

auf die erkrankte Stelle aufgesetzt und dadurch die Durchblutung verbessert wurde, bei dem anderen, nachdem feine Hautschnitte angelegt worden waren, Blut wie beim Aderlaß abgeleitet wurde. Und da konnten sich die medizinischen Geister schon scheiden. 1514 beim großen Aderlaßstreit in Paris traten die Anhänger der arabischen Tradition dafür ein, an der dem Krankheitsherd entgegengesetzten Stelle zur Ader zu lassen, während die Vertreter der hippokratischen Medizin, allen voran der französische Arzt Pierre Brissot, die Anwendung in der Nähe des Krankheitsherdes empfahlen, worin ihnen die moderne Medizin schließlich recht geben sollte. Einigkeit herrschte allerdings darin, daß beim Aderlaß streng nach der Konstellation der Gestirne, insbesondere nach den Regenten des Tages oder der Stunde und nach dem Stande der zwölf Häuser des Tierkreises vorzugehen sei, wie es die „Aderlaßmännchen" auf Flugblättern und in den Kalendern vorschrieben. Erst mit dem Aufkommen der Chemotherapie im 19. Jahrhundert verloren diese medizinischen Praktiken an Bedeutung.

Als „Vakuumextraktor" wird die flache, metallene Saugglocke heute noch bei der Geburtshilfe eingesetzt. Mit Hilfe eines Schlauchsystems, einer Vakuumflasche und einer Pumpe wird die Luft langsam aus der Saugglocke herausgepumpt, wodurch die Glocke fest am Kopf des Kindes haftet, sodaß durch Ziehen am Schlauch der Geburtsvorgang nachdrücklich unterstützt werden kann.

Schandglocke – Die Schandglocke machte während der Urteilsvollstreckung die Schande der Bestrafung öffentlich: „Wenn der beschwerlichen umstände zu viel zusammen kommen und sonsten vorgesetzte straffe keine frucht schaffete, mit dem thurm, ausklingung mit den glocken, anhengung der schandsteine", schreiben die Gesetze in Hannover 1544 vor. Und das St. Gallener Malefizbuch befiehlt 1680: „Er aber wohlverdienter strafe unter leutung der schandgloggen in die schranken vor das rathaus geführt."

Die Schandglocken waren aber auch Teil der Strafe selbst. Die Verurteilten mußten mit der Schandglocke um den Hals am Pranger stehen oder unter dem Gejohle der Schaulustigen durch die Straßen laufen. Die Strafe der „pompe", eines öffentlichen Umzuges mit verschiedenen Erniedrigungen, darunter auch eine um den Hals gebundene Glocke, die den Träger der Lächerlichkeit preisgab, ist seit der Antike bekannt.

Schillerglocke – Die Schillerglocke hängt im Münster von Schaffhausen (Schweiz). Ihre altehrwürdige Inschrift soll Friedrich Schiller 1799 zu seinem Gedicht „Das Lied von der Glocke“, erschienen im „Musenalmanach für das Jahr 1800“, angeregt haben. Allerdings hat Schiller die Glocke weder gehört noch gesehen; er fand die inspirierende Inschrift bei Krünitz, einer Enzyklopädie des 18. Jahrhunderts, als er Studien über Glocken und Glockengießerei machte.

Die Schillerglocke wurde 1486 von Ludwig Peiger in Basel gegossen und war 90 Zentner schwer. Sie wurde, nachdem bereits 1700 am unteren Rand ein Stück ausgesprungen war, in den neunziger Jahren des vorigen Jahrhunderts völlig untauglich und 1895 im Kirchengarten des Münsters als Sehenswürdigkeit ausgestellt. Die neue Schillerglocke wurde 1898 feierlich geweiht und von „300 frischen Schulknaben“ (K. Bader) auf den Turm des Münsters gezogen.

Schneeglöckchen (Galanthus sp.) – Das Schneeglöckchen gehört zur Gattung der Amaryllisgewächse, ist aber auch die volkstümliche Bezeichnung für verschiedene andere, im Frühling blühende Pflanzen, wie die Frühlingsknotenblume und das Alpenglöckchen. Es läutet den Frühling ein.

Schulglocke – Es gab eine Zeit, da riefen die Kirchenglocken zum Schulbeginn. Das Amtsblatt der Preußischen Regierung zu Bromberg von 1830 verordnete, daß das Morgenläuten zugleich das Schulläuten sein sollte. Andernorts besorgten das Läuten zum Beginn des Unterrichts zwei ältere Knaben reihum, und es galt als ehrenvolles Amt, die Glocken zur Schule läuten zu dürfen. In der Großstadt freilich war es kaum möglich, den Kindern mit den Kirchenglocken den Schulbeginn anzuzeigen. Da war es der Pedell oder Schulwart, der am Tor stand und mit einer Handglocke die Säumigen antrieb. Und – naja, das erlösende Glockenzeichen, das das Ende der Schulstunde anzeigt, kennen Sie ohnehin...

(Aus: Sing mit uns! Hg. v. Walter Deutsch, Christine Ganster, Eberhart Würzl, Wien, Österreichischer Bundesverlag, o. J.)

Speisglocke **–** kann die Bezeichnung für vielerlei Glocken sein. So heißen jene Glocken, die in den Dachreitern der Salzburger und Tiroler Bauernhäuser hängen, die Arbeitspausen anzeigen und die Leute von der Arbeit zum Essen rufen. Man nimmt sie auch zum „Sturmläuten", wenn auf dem Hof etwas Außergewöhnliches passiert ist. Speisglocken nennt man die dreitonigen Altarschellen, mit denen die Ministranten den Gottesdienst oder das Allerheiligste begleiten, oder das Zügenglöcklein, das während des Versehgangs läutet und dem Sterbenden die letzte Wegzehrung ankündigt. Als Speisglocken bezeichnet man weiters im Tirolischen eine spezielle Art von Glocken, die den Kühen beim Almabtrieb umgehängt werden.

Speisglocken sind meist gegossen. Wie weit die Erklärung, daß die Bezeichnung „Speisglocke" von „Glockenspeise" kommt, Sprachforscher zufriedenstellt, mag dahingestellt bleiben.

Sturmglocke **–** Das dringlichste aller Glockenzeichen war wohl die Sturmglocke. Sie rief alle Wehr- und Hilfsfähigen, um einer dringenden Notlage mit allen zur Verfügung stehenden Kräften Herr zu werden. Die Bezeichnung „Sturmglocke" war vor allem vom 13. bis zum 16. Jahrhundert im österreichisch-bayrisch-schwäbischen Raum üblich, weiter nördlich hieß es einfach „die Glocke". Mitunter gab es ganz besondere Namen: „Mordglocke" in Straßburg, „feindglögglin" in Augsburg, „das gemperlein" in Frankfurt.

Sturm geläutet wurde bei Feindeseinfall, um die wehrfähigen Bürger zu den Waffen zu rufen und um den Schutzbedürftigen anzuzeigen, daß sie sich hinter die Stadtmauern flüchten sollten, aber auch wenn innerer Unfrieden oder Aufruhr die öffentliche Sicherheit bedrohten bzw. die Obrigkeit der Meinung war, daß die Sicherheit bedroht wäre. Deshalb war auch streng geregelt, wer die Sturmglocke läuten durfte. Denn das Recht ist auf der Seite derjenigen, die sich des Militärs versichern können. Man war sich freilich nicht immer einig, wem nun das Glockenrecht zustünde, und nicht selten stritten die weltlichen und die geistlichen Herren um die Vorherrschaft über die Glocken. So behielt sich etwa der Erzbischof von Trier ausdrücklich das Recht vor, Sturm zu läuten.

Dem Sturmläuten war unbedingt und sofort Folge zu leisten, gerade daß den Schläfern Zeit gegeben wurde, in die Kleider zu schlüpfen. Um es allen kenntlich zu machen, damit keinem fürs Zuspätkommen oder Nichterscheinen eine Ausrede bliebe, gab es genaue Anweisungen, wie die Glocken zu läuten wären. Sie wurden in unregelmäßige Schwingungen versetzt oder mit einer festgelegten Anzahl von aufeinanderfolgenden Schlägen zum Tönen gebracht. „Wenn feürsbrunsten entstanden, soll erstlich die größte gloggen angezogen und darnach mit allen geleütet werden, wann kriegsgefahr vorhanden, die beyd größten gloggen gezogen, wann der bär im lande, ohn ein die größte, namlich die feyrabendgloggen, zum wolf die vespergloggen und die kleinste", heißt es im Landrecht von Frutingen 1668.

Die Sturmglocke wurde – wie wir lesen – auch bei Feuers- und Wassernot eingesetzt oder wenn Wolf und Bär das Gemeindegebiet unsicher machten. Allerdings ist die Verwendung der Sturmglocke zur Katastrophenhilfe in den Weistümern erst später belegt als ihr Einsatz für kriegerische Zwecke.

Tänzerglocken – Um die Fußknöchel gebunden, sind sie Schmuck und Instrument der Tänzer bei kultischen Handlungen in Afrika und Asien.

Taucherglocke – Der Würzburger Mathematiker Kaspar Schott beschrieb 1664 in seiner „Technica curiosa" geräumige Glocken, in denen ein Mensch sitzen konnte und die mit einem Seil ins Wasser gelassen wurden. 1692 soll der Physiker Denis Papin in einem zylindrischen Gefäß mit Luftschlauch und Ventilator Tauchversuche in der Fulda unternommen haben. Etwa zur selben Zeit benutzte man Taucherglocken bei den Versuchen, die Schätze der spanischen Armada zu heben. Allerdings war die Luft in diesen Taucherglocken schnell verbraucht. Erst als zu Beginn des 17. Jahrhunderts die Taucherglocken Behälter erhielten, aus denen den Tauchern frische Luft zugeführt wurde, und etwas später auch noch Druckluftpumpen angebracht wurden, war ein längerer Aufenthalt unter Wasser möglich.

Solcher Art war die Taucherglocke, mit der sich Erzherzog Johann, den man zu Unrecht nur des Jodelns verdächtigt, denn er war technischen Neuerungen gegenüber aufgeschlossen, betrieb nachdrücklich die Einführung der Eisenbahn und suchte die Technisierung des Ackerbaus und damit das Wohl seiner Älpler zu fördern, auf seiner Englandreise 1815 zusammen mit Bruder Ludwig im Tauchen versuchte: „Portsmouth, die berühmte Hafenstadt, ward eingehendst besichtigt, auch machten die Erzherzoge sogar eine Fahrt in der Taucherglocke zum Grunde des Meeres." (A. Schlossar, Erzherzog Johann von Österreich und sein Einfluß auf das Culturleben der Steiermark, Wien 1878)

Taufglocke **–** Die Taufglocken läuteten während der Taufe oder wenn der Taufzug sich der Kirche näherte. Von Gleichberechtigung war da freilich nicht die Rede, denn bei der Taufe von Knaben ertönte die mittlere Glocke, bei der Taufe von Mädchen nur die kleine Glocke; oder man läutete bei Knaben zweimal, bei Mädchen nur einmal; bei der Taufe von außerehelichen Kindern wurde gar nicht geläutet. Oft mußten der Pate oder die Patin selbst die Glocken ziehen, um Segen für das Taufkind herabzuläuten. Mit dem Taufgeläute verband sich Aberglauben: Je besser und länger geläutet wurde, umso klüger sollte das Kind, umso stärker seine Stimme werden; je öfter die Taufglocke anschlug, umso älter sollte der Täufling werden.

Tischglocke **–** Tischglocken sind im Parlament, bei Gericht, bei Versammlungen und ähnlichem als Ordnungsruf oder zur Ankündigung üblich.

Im Privatbereich verwendete man sie, solange sich ein „besserer" Haushalt, um als standesgemäß zu gelten, wenn schon nicht mehrere Dienstboten, doch zumindest ein Dienstmädchen leisten mußte, zum Herbeirufen des Personals. Oft war es eine zierliche Handglocke, die auf dem Tisch stand, daher Tischglocke, oft war es eine Glocke neben der Tür mit

Biedermeiertischglocke um 1830
(Bildarchiv der ÖNB)

einem Glockenzug, etwa ab der Mitte des vorigen Jahrhunderts auch eine elektrische Klingel. Meist handelte es sich dabei um kleine Kunstwerke. Vor allem die Glockenzüge waren kunstvoll gestickt; und so manches fleißige Mädchen büßte bei der Herstellung seine Sünden ab. Denn Glockenzugsticken war eine Aufgabe im Handarbeitsunterricht, da dabei alle Stickmusterarten geübt werden konnten.

Die „Nerven" ließen die sensiblen „Gnädigen" wohl allzu oft die Glocke ziehen:

> *„Und heute nachmittag bleibn Sie zu'haus*
> *und putzen Messing. Schaun S' die Schnallen an,*
> *wenn man nicht ständig hinterher sein kann,*
> *verdreckt das Haus. Skandal! Beim Herrn drin ist*
> *ein Chaos, der Papierkorb platzt vor Mist,*
> *der Lurch ist schon so dick, daß man ihn riecht...*
> *– Die Gnädige glaubt rein, i bin a Viech."*

(Josef Weinheber: Die Hausfrau und das Mädchen.
In: Wien wörtlich, 1935)

Weniger launig klingen die Berichte der Dienstmädchen selbst:

> *„Die ärmsten Geschöpfe sind die Dienstboten, denn das Leben bietet ihnen nur Arbeit, und zwar bis die Knochen unsagbar müde sind, dann sind 8 freie Stunden – in der Nacht. Und die Nacht? – die gehört auch der gnädigen Herrschaft, wenn es ihr beliebt, wird einfach geläutet; wenn man das erstemal nicht hört, heißt es, man schlaft wie eine Ratte, es muß zweimal geläutet werden. In der Früh sucht man die Knochen zusammen, die leider noch immer müde sind..."* (nach: Marina Tichy).

Den Dienstboten war vorgeschrieben, ein polizeilich beglaubigtes Dienstbuch zu führen, das Zeugnisse über Leistung und Führung beinhaltete. Die Angst der Mädchen vor ungünstiger Beurteilung war groß, denn sie konnte die Lebenschancen völlig ruinieren. Viele griffen zur Selbsthilfe. In Berlin zum Beispiel gingen alljährlich an die tausend Dienstbücher unauffindbar verloren: besser gar kein Zeugnis als ein schlechtes! Die Tyrannei der Tisch- oder der Dienstbotenglocke war doch immer noch besser als die Arbeitslosigkeit.

Totenglocke – Toten- oder Sterbeglocken interpretierte die ältere Forschung gerne als Dämonenschreck. Doch sei davon

einmal abgesehen, wiewohl urgeschichtliche Funde in der Wachau (Niederösterreich) Schellen und Glöcklein als Grabbeigaben belegen und – ohne hier Kontinuitäten festschreiben zu wollen – die Abschreckung des Teufels, der die arme Seele holen will, durch geweihte Glocken selbst im christlichen Sinne nicht so abwegig ist.
Das Totengeläute zeigt der Gemeinde den Todesfall an und fordert zum Gebet für die Dahingegangenen. Zugleich werden die Verstorbenen dadurch geehrt. Es wird nach Stand, Alter und Geschlecht sorgfältig abgestimmt und nicht jeder kam zum ehrenvollen Nachruf durch das Geläute aller Glocken. Solange das Gesetz die Aufbahrung daheim nicht verboten hatte, läuteten die Glocken, bis der Sarg vom Sterbehaus zum Friedhof gebracht und ins Grab gesenkt worden war.
Die Obrigkeit freilich goutierte das Geläute nicht immer:

> *„Da auch verschiedentlich bemerkt worden, daß ein großer Mißbrauch mit dem Läuten vorgehet, und ohne alle Distinction der Personen und Stände bey Leichen, nachdem viel oder wenig bezahlet wird, die Glocken ganze halbe Stunden, viele Tage nacheinander gezogen werden; so soll künftig bloß bey Leichen von adelichen und sonst qualifizirten Personen, wie Königliche Ministres, Geheime Räthe und dergleichen geläutet werden, doch nur vier Schläge hintereinander, so dann aber aufgehöret. Weder an demselben, an den folgenden Tagen soll weiter geläutet werden. Alle anderen unter diesen Ständen Seyende, wie auch die bürgerlichen, und auch noch geringeren Leichen aber sollen hinführo gar nicht mehr beläutet werden. Jedoch verbleiben dennoch für alle die gewöhnlichen Gebühren für das Läuten. Berlin, den 3ten januar 1748. Friederich“,*

lautete das „Friedhofs-Reglement“ des gestrengen Preußenkönigs. Hat er wieder einmal Geld für seine Kriegsspiele gebraucht?

Die Obrigkeit ließ das Läuten auch verbieten, wenn Epidemien und Seuchen die Zahl der Todesfälle in die Höhe trieben, damit nicht an den Glockenklängen das Ausmaß des Sterbens ermessen werden konnte.

Und wenn jemand nicht den rechten Glauben hatte, mochten sich die Pfarrherren wohl auch weigern, ihm die Ehre des Totengeläutes zu geben. Noch in der jüngsten Vergangenheit sind die Totenglocken zum Politikum und so mancher Pfarrer ganz schön aufmüpfig geworden: „Gemäß Canon 1169 § 3 des kirchlichen Gesetzbuches unterstehen der Gebrauch und die Verwendung geweihter Kirchenglocken ausschließlich der kirchlichen Autorität. Es hat also der Pfarrprovisor bzw. der H. H. Dekan von Lienz mit vollem Recht verfügen können, daß bei diesen Beerdigungen nicht geläutet werden dürfe", stellte 1940 die Apostolische Administratur Innsbruck ihren Standpunkt klar. Das blieb nicht unwidersprochen, und der Reichsstatthalter in Kärnten verfügte an das fürstbischöfliche Ordinariat in Klagenfurt, an die Apostolische Administratur in Innsbruck und andere:

„Zu wiederholten Malen mußte ich feststellen, daß Kirchenvorstehungen das Läuten der Kirchenglocken bei Begräbnissen von Volksgenossen, die ihrer Religionsgemeinschaft nicht angehörten, verweigerten bzw. das Läuten durch andere Stellen nicht gestatteten... Nach dem im Volke bestehenden Brauchtum gehört zu einer würdigen Bestattungsfeier auch das Läuten der Glocken. Die Ortspolizei (Bürgermeister oder Polizeibehörde) ist daher berechtigt zu verlangen, daß anläßlich der Beerdigung eines nicht ihrer Religionsgenossenschaft angehörigen Verstorbenen die Glocken geläutet werden bzw. daß der Kircheneigentümer gestattet, daß die Glocken durch einen Beauftragten der Gemeindeverwaltung geläutet werden."

Wecker („Alarmglocke"), 2. Hälfte 19. Jh., Emil Bolle, Schweiz (Národního Technického Muzea, Prag)

Venedig, Uhrglocke

Die Reaktion des Pfarrers von Flaurling in Tirol, aufgezeichnet in der kirchlichen Dorfchronik, war kurz: „Der Ortsgruppenführer Lair Franz verlangte anläßlich des Ablebens des Parteimitgliedes K. Schreier das Läuten der großen Glocke. Ich habe es verweigert."

Uhrglocke – Glocken dienten vor allem auch schlichten Zeitangaben. Dazu war es nicht unbedingt notwendig, den schweren Klöppel in Bewegung zu setzen. Am Rand der Glocke waren Hämmerchen befestigt, mit denen händisch oder mechanisch die Uhrzeit geschlagen wurde. Viele Uhrglocken hatten nicht einmal einen Klöppel wie etwa die Uhrschelle von St. Stephan zu Wien aus dem 15. Jahrhundert, die „orglock" im Ulmer Münster aus 1414 oder die große Uhr- oder Meßglocke im Dom zu Frankfurt am Main aus 1484.

Die Wende vom 13. zum 14. Jahrhundert scheint eine Wandlung des Zeitverständnisses mit sich gebracht zu haben. Die aufstrebenden Stadtbewohner mit ihrer neuen Orientierung auf Handel und Gewerbe fanden mit der von den Klöstern übernommenen Tageseinteilung nicht mehr das Auslangen. Für eine differenziertere Zeiteinteilung kam gegen Ende des 13. Jahrhunderts die Erfindung der durch Gewichte angetriebenen Räderuhren gerade recht. Der Tag wurde in 24 gleich lange Stunden geteilt, deren Ablauf meist viertelstundenweise durch den Schlag der Glocke angezeigt wurde. Die gewichtigen Uhren wurden an den Türmen der Kirchen und der öffentlichen Gebäude angebracht und bald auch mit einem Schlagwerk versehen. Und wie oft die Glocken da angeschlagen wurden! Die alten Räderuhren zählten alle 24 Stunden des Tages mit der entsprechenden Anzahl von Schlägen durch, sodaß – ohne die Viertel- und Halbstunden mitzuzählen – innerhalb eines Tages und einer Nacht 300mal die Glocke anschlug. Erst im 16. Jahrhundert ging man dazu über, wie eine Verordnung des Breslauer Rats 1580 belegt, zwei Runden von eins bis zwölf zu schlagen.

Trotz Schlagwerks wurden die Uhrglocken von den Türmern, Glöcknern oder Turmwächtern auch händisch geschlagen. Der Wächter von St. Stephan erhielt im Jahr 1480 einen Sonderlohn „pro pulsu horae", fürs Schlagen der Stunden, obwohl die Turmuhr damals schon ein Schlagwerk besessen haben muß, denn es wurde laut Kirchenrechnung 1417 in Reparatur gegeben. Bis ins 18. Jahrhundert blieben die Turmwächter verpflichtet, das Zeitzeichen nach bestimmten Regeln zu schlagen. Im Münchner Dom schlug die Frauenglocke mechanisch die Viertelstunden und die Salveglocke die ganzen Stunden; der Wächter hatte das jeweilige Zeitzeichen durch das händische Schlagen der Rosenkranzglocke zu ergänzen. Damit hatten der Rat und die Bürger der Stadt eine Möglichkeit der Kontrolle, ob der von ihnen besoldete Wächter ordentlich seinen Dienst versah und nicht etwa in seiner luftigen Einsamkeit eingeschlafen war oder sich streng verbotenem sonstigem Zeitvertreib hingab. Denn es hatte sich anscheinend herumgesprochen, daß im Turm von St. Stephan einst sogar eine Kegelbahn eingerichtet gewesen war und die Türmer sich allzu gern dem Kegelspiel hingegeben hatten, bis sie zuletzt der Teufel holte (G. Gugitz).

Schließlich wurden auch die Uhren innerhalb des Hauses, die sich zuerst die Wohlhabenden und später auch die weniger Wohlhabenden leisten konnten, mit einem Schlagwerk versehen und gaben Viertel-, halbe und ganze Stunden an.

***Versammlungsglocke* –** Glockenton und allgemeine Versammlung waren seit dem 13. Jahrhundert eng verbundene Begriffe. Die Versammlungsglocke hatte Rechtscharakter. Wann immer sie ertönte, hatten die, die es anging, sich zusammenzufinden, sei es, um zu hören, was die Herrschaft ihnen auferlegen wollte, sei es, um einen gemeinschaftlichen Beschluß zu fassen, Gesetze und Verordnungen zu erlassen, das Weistum zu verlesen, eine Wahl durchzuführen oder Gericht zu halten. Schwere Strafe erwartete denjenigen, der nicht kam: „Wann der gemeind mit der gloggen drei zeichen gelütten würdt, so soll ein jeder burgersgenoß bei seinem Aid und schwehren straaf sich fürderlich zue dem kürchhove oder da er hinbeschieden vefuegen“, heißt es in den Württembergischen Ländlichen Rechtsquellen 1618.

Vesperglocke – Die Bezeichnung leitet sich von den klösterlichen Stundengebeten ab, die zu bestimmten Zeiten abzuhalten waren: die Matutin vor Sonnenaufgang, die Prim am Morgen, die Terz am Vormittag, die Sext zu Mittag, die Non am Nachmittag und schließlich die Vesper gegen Sonnenuntergang, der noch das Komplet am späten Abend folgte.
Ein Vesperglöcklein kann nach dem Grimmschen Wörterbuch allerdings auch ein schwatzhaftes Frauenzimmer sein.

Warnungsglocke – „...Von der Hauptstraße hört man das Brausen der ersten elektrischen Wagen und den gellenden Klang ihrer Warnungsglocke...“ (Aus: Johannes Ziegler, Wiener Stimmungsbilder, Wien, Gerlach & Wiedling 1907)

Weihnachtsglocken – „Jingle bells, jingle bells....“ und „Süßer die (Kassen-)Glocken nie klingen...“ als zu der Weihnachtszeit: Glockenausverkauf.
Einst klangen Weihnachtsglocken besonders feierlich, verkündeten sie doch den Weihnachtsfrieden. Das Weihnachtsläuten dauerte oft die ganze Nacht bis zum Morgen, zumindest aber so lang, bis alle Kirchgeher von nah und fern sich zur Mitternachtsmette eingefunden hatten.
Dem Klang der Weihnachtsglocken schrieb man wunderbare Kräfte zu. Er vertreibt den Teufel und alle bösen Geister; er heiligt alle Wasser und alle Brunnen, und wer während des Läutens bei drei verschiedenen Quellen trinkt, dem fließt bei der letzten Wein; man umband während des Läutens die Obstbäume mit Stroh und fütterte das Vieh und die Hühner, um sie fruchtbar zu machen; in der Kirche kann man während dem Läuten zur Christmette die Toten des nächsten Jahres sehen. Und weil das alles nicht so ganz geheuer und eher ein wenig unheimlich war und doch auch dem Bannen des Bösen dienen sollte, nannte man mancherorts, in Schwaben und in Tirol, das weihnachtliche Geläute „Schreckläuten“.
Mit dem Aufkommen des Christbaums und der weihnachtlichen Bescherung als Kinder- und Familienfest vor knapp 300 Jahren hat man sich die Weihnachtsglocken in die Stuben geholt. Welches Kind wartet nicht sehnlich auf das silbrige

Glockenzeichen, das den Weg zu den Gaben des Christkinds freigibt?

Wetterglocke **–** Dem Wetterläuten war vor und während des Gewitters nachzukommen. Meist mußten der Mesner oder der Lehrer diesen Dienst versehen; da und dort fand sich auch ein weltflüchtiger Eremit, der sich damit seinen kargen Lebensunterhalt verdiente: „Fr. Romundus Metzler, bewohnt die Klausur zu Karnabrunn, bedient alldort die Kirche, läutet zum Wetter... und hat die Erlaubnis, zur Zeit der Weinlese in seiner Pfarre Most zu sammeln"; oder: „Fr. Honoratus Amon: Klausur zu Hollenburg... für das Wetterläuten (mit zwei Glocken) bezieht er die Weinsammlung um den ganzen Berg". (Specification der Eremiten des Bistums Passau unter der Enns, 2. Hälfte 18. Jh., nach: Heinrich Güttenberger). Die Entlohnung bestand in Naturalien: Brot, dem „Läutlaib", Milch, Käse, Most, Wein oder einer Garbe von jedem Acker, der „Wettergarbe". Es wurde sehr übel vermerkt, wenn das Läuten den Flurschaden nicht verhinderte, denn man meinte, der Läuter wäre seiner Aufgabe nicht richtig nachgekommen, hätte zu spät, zu wenig oder nicht mit dem rechten Sinn geläutet.
Bestärkt wurde das Vertrauen ins Wetterläuten durch die alte Oration der Glockenweihe: „Wo immer diese Glocke ertönt, sollen entweichen nachstellende Gewalten, Geisterschatten, Wirbelwind, Blitz, Donner, Sturm und alle Unwetter..."

„Annemarie (Susanna oder sonst wie) heiß i,
an jeds Wetter weiß i,
an jeds Wetter vertreib i,
in Brandenberg (St. Pauls, Kötschach oder sonstwo)
da bleib i",

sagen daher die Glockeninschriften.

Die modernen Weiheformeln verzichten auf die Formulierung, durch die die Kirche einst die unchristlichen Vorstellungen, die sich mit Glocken und Glockenläuten als Dämonenabwehr verbanden, überformte. Aufklärer freilich gab es lange vor der Modernisierung der Glockenweihe. Schon 1536 stellte das Provinzial-Concil zu Köln die „objektive Wirkung der Abwendung böser Wetter" in Abrede. Vor allem die Anhänger Luthers hätten das Wetterläuten gerne verboten, konnten es aber dann doch oft kaum erwarten, bis die „Papisten" oder die „Päpstler" zu läuten begannen, wenn der Blitz allzu grell niederfuhr. Der Glaubensstreit war kaum zu schlichten. Die Naturkundigen meinten, daß die Klangwellen, ähnlich wie der

Geschützdonner beim Wetterschießen, die Wolken zerteilten. Sie wurden ihrerseits 1784 von Johann Nepomuk Fischer, einem Mathematikprofessor in Ingolstadt, eines Besseren belehrt, der dies alles für Unsinn hielt, da das Metall der Glocken Unwetter und Blitz eher anziehe, und in den letzten 33 Jahren der Wetterstrahl in 386 Türmen ungebetene Einkehr gehalten und 103 am Glockenseil ziehende Personen getötet hätte. Prof. Fischer empfahl statt des Glockenläutens die „Blitzauffangstange", die Benjamin Franklin (1706–1790) gerade erfunden hatte.

Schließlich verboten gegen Ende des 18. Jahrhunderts die meisten katholischen Regierungen das Wetterläuten, allen voran 1783 Kaiser Joseph II. Der Widerstand gegen das Verbot war groß, und es kam immer wieder zu Ausschreitungen:

> *„Zu Ende des Junius im Jahre 1786 fieng es hier eines Tages allenthalben in der Frühe zu schneien an. Der Herr Vikarius von Krimml bewies seinen Untergebenen schon zuvor einmal, wie unnütze der Gebrauch des Schneeläutens sei und liess also zur Vorsicht die Glockenstricke aufziehen und die Thüre des Thurmes versperren. Um 7 Uhr war der Gottesdienst, und die Bauern, die für gut fanden, zu läuten, zogen unter der hl. Messe zum Thurme hin und, als sie die Seile aufgezogen und die zweite Thüre verriegelt fanden, schlugen sie so lange mit ihren eisernen Fäusten darauf los, bis sie endlich so viel zu wege brachten, dass sie ein paar kleine Buben, die ihnen die Seile herablassen mussten, hineinstecken konnten. Die Bauern bemächtigten sich nun der Stricke und nothzüchtigten (!) die Glocken. Der Herr Vikar zeigte diesen Vorfall dem Pflegegerichte an."*
> (nach: R. v. Strele)

Die Obrigkeit ging mit Soldaten, Prügelstrafen und Gefängnis gegen die Wetterläuter vor, meist ohne großen Erfolg, bis auch die größten Eiferer resignierten und das Gesetz nur mehr sehr lax gehandhabt wurde. Daher konnten die weststeirischen Bauern, die vielerorts kleine hölzerne oder steinerne Wettertürme mit Glocken errichtet hatten, bis weit in unser Jahrhundert herauf gegen alle bösen Wetter läuten.

„Private" Wetterglöcklein aus Aluminium, manchmal auch aus edlerem Metall, die man zu Hause läuten konnte, gab es vor dem Zweiten Weltkrieg in den Wallfahrtsorten zu kaufen (R. Kriss). Derartige Handglocken zur Bannung der Unwetter,

„Lorettoglöcklein", „Donatusglöcklein", „Donatusschellen" – der hl. Donatus gilt vor allem in der Eifel und in Luxemburg als Wetterpatron – oder „Hexenglöcklein" sind schon seit dem 7. Jahrhundert belegt. Damals soll die hl. Salaberga von Laon († 655) von einer Hirschkuh ein Glöcklein erhalten haben, als ihre Tochter allzusehr an Gewitterfurcht litt. Auch im Nachlaß der Kaiserin Margarete, der Gemahlin Leopold I., fand sich 1673 ein Goldglöckchen, mit Smaragden und Perlen besetzt, das ihr die „Königin" – wohl ihre Mutter Maria Anna von Spanien – „wegen wötter" geschickt hatte.

***Wunschglocken* –** sind die Hausglocken der Heiligen. Meist sind es kleine Glocken in Wallfahrtskirchen und -kapellen, die leicht mit dem Glockenseil, das in die Kirche herabhängt, geläutet werden können. Und wenn der Bittsteller derart an der Haustür des Heiligen geläutet hatte, dann konnte es schon vorkommen, daß sich seiner Sorgen und Nöte angenommen wurde. Besonders berühmt war die Wunschglocke von Lauterbach am Fuße des Haunsberges in Salzburg. In Lauterbach wird etwa seit 1769 der hl. Antonius von Padua (13. Juni) verehrt, der ja für alles Verlorene zuständig ist. Die Lauterbacher Glocke wurde daher immer dann gezogen, wenn etwas verloren gegangen war.

„In Lauterbach hab' i mein Strumpf verlor'n
Und ohne Strumpf gehr i net hoam,
Jetzt gehr i halt wieder nach Lauterbach,
Und läut mir den Strumpf zu den oan",

beschrieb ein parodistisches Lied die Zustände. Der Erzbischof Hieronymus von Salzburg wollte den Brauch unterbinden, aber es dürfte nicht mehr notwendig gewesen sein, denn die Legende erzählt, daß ein fürwitziger Bauer die Glocke läuten ließ, als er seine Sau vermißte, und da wäre die Wunderkraft geschwunden bis auf den heutigen Tag.

Mit einer Wunschglocke läutete man bei vielerlei Krankheiten, Hieb- und Stichwunden den hl. Wolfgang am Wolfgangsee an, bei Augen- und Fußleiden, aber auch bei Heiratssachen den hl. Koloman in Kolomansberg bei Mondsee, bei Zahnweh die hl. Apollonia am Pöstlingberg in Linz, bei ehelichen Schwierigkeiten, sei es vor- oder nachher, die hl. Jungfrau von Maria Ellend bei Fischamend usw. Das Wunschglöcklein von Maria Ellend mußte übrigens im Ersten Weltkrieg für die Kriegsmetallsammlung abgeliefert werden.

Wunschglocken hängen auch vor den Eingängen der Shinto-Heiligtümer in Japan. Die Gläubigen ziehen am Glockenseil, opfern eine kleine Münze, klatschen zweimal in die Hände und sprechen einen Wunsch aus, der in Erfüllung gehen soll.

Zinsglocke – Als die Leibeigenschaft noch nicht aufgehoben und Fron und Zinspflicht zum Alltag gehörten, mahnte die Zinsglocke die Abgabepflichtigen, am festgesetzten Ort zum festgesetzten Termin ihre Steuern zu entrichten.

Zügenglöcklein – Die Zügenglocke, Verseh-, Speis- oder Sterbeglocke erklang, wenn der Priester einem Sterbenden die letzte Wegzehrung brachte. Für gewöhnlich ist das Zügenglöcklein nicht in das übrige Geläute einbezogen, sondern hängt etwas abseits und hat einen hohen, klagenden Ton. „Im Jahr 1707 hatte man in Wien auf obrigkeitliche Verordnung zum Trost und Hülfe der sterbenden Personen ein Glöcklein verfertigt, welches in der St. Stephanskirche den 2. November des Morgens von 5 bis 6 Uhr geläutet worden, um anzuzeigen, daß mit demselben künftig auf jedesmaliges Begehren, wenn ein Mensch in den letzten Zügen liegt, ein Zeichen dreimal gegeben werden soll, damit die, welche es vernehmen, für den in Todesnöthen Liegenden zur Erlangung einer seligen Sterbstunde, ihr Gebet und Fürbitte verrichten können“, weiß das Curiositäten- und Memorabilien-Lexicon von Wien 1846.

Sterbeglocken werden schon im 8. Jahrhundert erwähnt. Als Abt Sturmius zu Fulda 799 seinen Tod herannahen fühlte, hieß er schleunigst alle Glocken läuten, damit die Brüder, von seinem nahen Ende unterrichtet, in der Kirche inbrünstig für ihn beten möchten.

Als Grund für das Läuten des Zügenglöckleins wird öfters die Absicht angegeben, die entweichende Seele vor dem Teufel oder den bösen Geistern schützen zu wollen. Dazu benutzte man auch kleine Handglocken, „Benediktusschellen“ – der hl. Benedikt von Nursia gilt als Fürbitter für eine gute Sterbestunde, „Loretto-“ und „Margaretenglöckchen“, mit denen man um Kasten, Tisch und Bett herumläutete. Diese Glöckchen waren etwa fingerhutgroß und hatten einen feinen, durchdringenden Ton.

For Whom The Bell Tolls

Manch geduldiger Leser wird jetzt vielleicht verärgert sein. Er hat sich Freundlicheres über die Glocke erwartet. Aber es läßt sich nicht ändern, die Glocke scheint ein zutiefst politisches Thema zu sein. Romane, die die Glocke im Titel führen, sind vor allem politische Bücher: Louis Aragon beschreibt in „Die Glocken von Basel“ 1934 die Stellung der Frau in der Gesellschaft, Vladimir Minac (geb. 1922) geht in der Trilogie „Glocken läuten in den Tag“ auf die politischen Verhältnisse 1943 bis 1948 in Slowenien ein, und Dimitur Talev (1898–1966) behandelt in „Die Glocken von Prespa“ die historische Entwicklung Mazedoniens. Bei wörtlicher Übersetzung findet sich auch bei Ernest Hemingways berühmtem Roman aus dem Spanischen Bürgerkrieg „For Whom the Bell Tolls“ – „Wem die Stunde schlägt“ (1940) die Glocke im Titel. Hemingway stellt seinem Buch ein Zitat des englischen Dichters John Donne voran: „And therefore never send to know for whom the bell tolls; it tolls for thee“ – „Und deshalb frage nie, wem die Glocke schlägt, sie schlägt dir“.

Sogar die Kinderreime enthalten Sozialkritik:

Wie sagen die Innsbrucker Glocken?

> *„Hend'l und Ant'n, Hend'l und Ant'n, Hend'l und Ant'n! Wer bringt's, wer bringt's, wer bringt's? d' Bauern, d' Bauern, d' Bauern. Wer frißts', wer frißts', wer frißts'? D' Domherrn, d' Domherrn!“*

(Das deutsche Volkslied, 5. Jg., 8. H., 1903)

Die Klagenfurter Glocken tönen:

„A Kind geporn, a Kind geporn, a Kind geporn! Wer is d'r Vat'r, wer is d'r Vat'r, wer is d'r Vat'r ? A Domherr, a Domherr, a Domherr. Glei gedenkt, glei gedenkt, glei gedenkt!"

(Das deutsche Volkslied, 21. Jg., 6./7. H., 1919)

Und den Ödenburger Glocken wird unterstellt:

„Wer wirds zahln? Wer wirds zahln?
Bürger, Bauern!"

(A. Riedl u. K. M. Klier, Lieder, Reime und Spiele der Kinder im Burgenland, Eisenstadt 1957)

Wie hätte ich da
ein anderes Buch schreiben können?

Geläutet – geläutert?

Grinzing, der frohe Ort, in dem der Wein fast ein Kultgegenstand geworden ist, ein Ort, bekannt, berühmt und alt, 1114 wird er das erste Mal urkundlich genannt.

Wie manches Alte bringt mich auch das eine oder andere in Grinzing zum Nachdenken. Zum Beispiel die Anordnung der Häuser in der Straße, die – wie sinnvoll! – Himmelstraße heißt. Nach einem eleganten Wohnhaus, an dem Marmortafeln daran erinnern, daß hier berühmte Österreicher gewohnt haben, hat ein Heuriger seinen Buschen ausgesteckt. Sein Wein macht die Gäste fröhlich, und in Maßen besinnlich getrunken, kann er wohl den Menschen dieses oder jenes Problem auf die richtige Größenordnung zurückholen. – Neben dem Heurigen, in einem kleinen Biedermeierhaus, macht ein Nervenarzt, im Volksmund wohl Psychiater genannt, seine Ordination auf einem Schild bekannt. Probleme,

Grinzing

die der Wein nicht lösen kann, oder die der Wein vielleicht sogar hervorgerufen hat, sind sein Metier. Hin und wieder jedoch, so hört man, soll auch die Kunst der Ärzte ihre Grenzen finden. Im nächsten Haus wohnt der Pfarrer von Grinzing, mein Mitbruder im priesterlichen Amt. Wir kennen die Nöte der Menschen, ihre Lasten und Sorgen und auch ihre Verzweiflung. Selten genug können wir ein wenig Hilfe leisten, einen Gedanken zur Linderung der Not und der Trauer sagen. Die Station nach dem Psychiater? So wie dem Pfarrer die Kunst der Medizin verborgen bleibt, sind auch dem Arzt manche Ebenen der Trauer und Verzeiflung verschlossen.

Neben dem Pfarrhof steht die alte Kirche, das Gotteshaus, der Ort, wo jene Zuflucht finden, denen weder Fröhlichkeit und Wein, noch ärztliche Mühe, noch menschliche Hilfe, Zuwendung oder Worte der frohen Botschaft helfen können. Im Turm der alten Kirche hängen die Glocken – sie rufen zum Gottesdienst, melden die Zeit und läuten lange und bedeutsam, wenn ein Bürger von Grinzing zu Grabe getragen wird. Sie melden, daß ein Grinzinger – ein Wort, das langsam aus dem Gebrauch zu kommen scheint – heimgegangen ist. Die Glocken melden dem Menschen die Endstation der Sorgen und Mühen, das Ende seines Weges, die Ankunft an seinem Ziel, in seiner wirklichen Heimat. Schon wieder Heimatglocken? Sentimental und kitschig?

Ich bin Pfarrer. Habe ich eine besondere Beziehung zu Glocken? Eine professionelle sozusagen? Ich weiß es noch immer nicht. Aber eines weiß ich. Wenn es die Glocken nicht gäbe, sie würden mit sehr, sehr fehlen.

E. M.

Literatur

Alpenburg, Johann Nepomuk, v.: Deutsche Alpensagen, neu hg. v. L. Borowsky, München, Hugendubel, 1977
Bachmann-Geiser, Brigitte: Die Volksinstrumente der Schweiz. Handbuch der europäischen Volksmusikinstrumente, Serie I, Bd. 4, Leipzig, Deutscher Verlag für Musik, 1981
Bader, Karl: Turm- und Glockenbüchlein. Eine Wanderung durch deutsche Wächter- und Glockenstuben, Giessen, J. Ricker, 1903
Beratungsausschuß für das deutsche Glockenwesen (Hg.): Glocken in Geschichte und Gegenwart. Beiträge zur Glockenkunde, bearbeitet von Kurt Kramer, Karlsruhe, Badenia, 1986
Biehle, Johannes: Wesen, Wertung und liturgischer Gebrauch der Glocken, Wittenberg, Ziemsen, 1916
Braudel, Fernand: Sozialgeschichte des 15. bis 18. Jahrhunderts. Der Alltag, Der Handel, München, Kindler, 1985 u. 1986
Brecht, Bertolt: Werke, zusammengestellt von Wolfgang Jeske, Wien, Kremayr & Scheriau, 1990
Brockhaus-Riemann Musiklexikon, hg. v. C. Dahlhaus und H. H. Eggebrecht, 1. Bd., Wiesbaden, F. A. Brockhaus, 1973
Buschan, Georg: Illustrierte Völkerkunde in zwei Bänden, 2. Teil, Stuttgart, Strecker und Schröder, 1926 (3)
Carlen, Louis: Das Recht der Hirten. Zur Rechtsgeschichte der Hirten in Deutschland, Österreich und der Schweiz. Veröffentlichungen der Universität Innsbruck 64, Innsbruck 1970
Czeike, Felix: Das Feuerlöschwesen in Wien 13. bis 18. Jahrhundert. In Wiener Schriften Bd. 18, o. J.
Die Wiener October-Revolution. Aus dem Tagebuch des Dr. Schütte. Prag im November 1848. In Comission der Buchhandlung Friedrich Ehrlich o. J.
300 Jahre Glocke von Maria Saal. Festschrift, hg. v. d. Kathol. Pfarrgemeinde von Maria Saal, Maria Saal 1987
Egg, E., Pfaundler, W., Pizzinini, M.: Von allerley Werkleuten und Gewerben. Eine Bildgeschichte der Tiroler Wirtschaft, Innsbruck, Tyrolia, 1976
Englisch, Ernst und Jaritz, Gerhard: Das tägliche Leben im spätmittelalterlichen Niederösterreich. Wissenschaftliche Schriftenreihe Niederösterreich 19/20/21, St. Pölten 1976

Fielhauer, Helmut P.: Industrielle Arbeitsmittel und Kultur. In: Umgang mit Sachen. Zur Kulturgeschichte des Dinggebrauchs, hg. v. Konrad Köstlin und Hermann Bausinger (= Regensburger Schriften zur Volkskunde, Bd. 1), Regensburg 1983, S. 191–210

Gaal, Károly: Die Glocken läuten gegen Sturm und Hagel. Die hölzernen Glockentürme im südwestpannonischen Raum. In: Pannonia, Nr. 0, Eisenstadt, Rötzer, Oktober 1973

Gaal, Károly: Glockentürme aus Holz. In: Burgenländisches Leben, 34. Jg., H. 1/2, Eisenstadt 1983

Gnirs, Anton: Alte und neue Kirchenglocken. Als ein Katalog der Kirchenglocken im österreichischen Küstenlande und in angrenzenden Gebieten mit Beiträgen zur Geschichte der Gußmeister, Wien, Anton Schroll, 1917

Gottschall, Klaus: Dokumente zum Wandel im religiösen Leben Wiens während des Josephinismus: Veröffentlichungen des Institutes für Volkskunde der Universität Wien, Bd. 7, Wien 1979

Gugitz, Gustav: Das Jahr und seine Feste im Volksbrauch Österreichs. Studien zur Volkskunde, 2 Bde., Wien, Brüder Hollinek, 1949 und 1950

Gugitz, Gustav: Die Sagen und Legenden der Stadt Wien, Wien, Brüder Hollinek, 1952

Gutkas, Karl: Geschichte des Landes Niederösterreich, St. Pölten, Niederösterr. Pressehaus, 1974

Güttenberger, Heinrich: Die Einsiedler in Geschichte und Sage. Kleine historische Monographien, hg. von Nikolaus Hovorka, Nr. 11/12, Wien, Reinhold, 1928

Hansmann, Lieselotte und Kriss-Rettenbeck, Lenz: Amulett und Talisman, Erscheinungsform und Geschichte, München, Callwey, 1966

Häusler, Wolfgang: Von der Massenarmut zur Arbeiterbewegung. Demokratie und soziale Frage in der Wiener Revolution von 1848, Wien, Jugend und Volk, 1979

Hörmannn, Konrad: Herdengeläute und seine Bestandteile. In: Hessische Blätter für Volkskunde, 12. Jg., Leipzig, 1913

Hugo, Victor: Notre Dames von Paris 1942, insel taschenbuch 298, 1977

Kapfhammer, Günther (Hg.): Brauchtum in den Alpenländern. Ein lexikalischer Führer durch den Jahreslauf, München, Callwey, 1977

Kramer, Kurt: Die Glocke und ihr Geläut, München, Deutscher Kunstverlag, 1988 (2)

Kriss, Rudolf: Volkskundliches aus altbayrischen Gnadenstätten. Beiträge zu einer Geographie des Wallfahrtsbrauchtums,

Baden b. Wien, Rohrer, 1930
Künstle, Karl: Ikonographie der christlichen Kunst. 2. Bd.: Ikonographie der Heiligen, Freiburg i. B., Herder & Co., 1926
Kurz-Hohenlehnsdorff, Marian (Hg.): Die Bauordnung für Niederösterreich samt den sonstigen das Bauwesen betreffenden Vorschriften und der einschlägigen Judikatur, Wien, Manz, 1936
Lange, Anselm: Europäische Tischglocken. Die Geschichte der Tischglocke vom Mittelalter bis zur Gegenwart. Kornwestheim, Minner, 1981
Lange, Anselm: Elektrische Tischklingeln, Kornwestheim, Minner, 1987
Liebmann, Maximilian: Theodor Innitzer und der Anschluß. Österreichs Kirche 1938, Graz, Styria, o. J.
Lippert, Elisabeth: Glockenläuten als Rechtsbrauch. Das Rechtswahrzeichen. Beiträge zur Rechtsgeschichte und rechtlichen Volkskunde, 3. H., Freiburg i. B., Herder & Co., 1939
Mascher, Ekkehard: Brauchgebundene Musikinstrumente in Niedersachsen. Studien zu Klanggeräten im Museumsbesitz. Studien und Materialien zur Musikwissenschaft, Bd. 4, Hildesheim, Georg Olms, 1986
Menge, Wolfgang: So lebten sie alle Tage. Bericht aus dem alten Preußen, Berlin, Quadriga, 1984
Oberchristl, Florian: Glockenkunde der Diözese Linz, Linz 1941
Otte, Heinrich: Glockenkunde, Leipzig, Wegel, 1858 und 1884 (2)
Reith, Reinhold: Lexikon des alten Handwerks. Vom Spätmittelalter bis ins 20. Jahrhundert, München, C. H. Beck, o. J.
Rupprechter, Ludwig: Chronik Brandenbergtal, Brandenberg, im Selbstverlag, 1985
Rupprechter, Ludwig: Die Almen im Brandenbergtal, Innsbruck, im Selbstverlag, 1988
Sárosi, Bálint: Die Volksmusikinstrumente Ungarns. Handbuch der europäischen Volksmusikinstrumente, hg. v. Institut für deutsche Volkskunde Berlin, Serie I, Bd. 1, Leipzig, Deutscher Verlag für Musik, 1967
Sartori, Paul: Das Buch von deutschen Glocken, Berlin, Walter de Gruyter, 1932
Schmidt, Leopold: Volksglaube und Volksbrauch. Gestalten, Gebilde, Gebärden, Berlin, Erich Schmidt, 1966
Schmidt, Leopold: Volkskunde von Niederösterreich, 2 Bde., Horn, Ferdinand Berger, 1966
Schneeweis, Felix: Glockentürme im Waldviertel. In: Emil Schneeweis und Felix Schneeweis: Von dalmatinischen Bild-

stöcken und Waldviertler Glockentürmen. Kittseer Schriften zur Volkskunde, H. 5, Kittsee 1988
Stockmann, Doris: Der Kampf um die Glocken im deutschen Bauernkrieg. In: Strobach, Hermann (Hg.): Der arm man 1525. Volkskundliche Studien. Akademie der Wissenschaften der DDR, Zentralinstitut für Geschichte, Veröffentlichungen zur Volkskunde und Kulturgeschichte, Bd. 59, Berlin, Akademie Verlag, 1975
Stockmann, Doris: Deutsche Rechtsdenkmäler des Mittelalters als volksmusikalische Quelle. In: Studia Musicologia. Academiae Scientiarum Hungaricae, Tomus XV, Akadémiai Kiadó, Budapest 1973
Strajnar, Julijan: Pritrkavanje. Text zur 3. Schallplatte, hg. v. d. Sektion für Musikethnologie des Instituts für slowenische Volkskunde an der slowenischen Akademie der Wissenschaften, Ljubljana, Obzorja/Helidon, 1985
Strele, Richard: Wetterläuten und Wetterschießen. In: Zeitschrift des Deutsch-österreichischen Alpenvereines 1898, S. 123–142
Tichy, Marina: Alltag und Traum. Leben und Lektüre der Dienstmädchen im Wien der Jahrhundertwende, Wien, Böhlau, 1984
Weissenbäck, Andreas: Sacra musica. Lexikon der katholischen Kirchenmusik, Klosterneuburg, Augustinus, 1937
Weissenbäck, Andreas und Pfundner, Josef: Tönendes Erz. Die abendländische Glocke als Toninstrument und die historischen Glocken in Österreich, Graz, Böhlau, 1969
Wikterp, P.: Kirchenglocken und deren Konservierung. In : Blätter für Volks- und Heimatkunde. Sonderheft zu den Deutschen Gauen 54, Kaufbeuren, E. Frank, o. J.
Widerstand und Verfolgung in Tirol 1934–1945. Dokumentation Bd. 2, Wien, Österr. Bundesverlag, 1984
Wolf, Helga Maria: Neue & alte Bräuche, ORF-Landesstudio Wien, Abteilung Religion/Volkskultur, Wien 1991
Ziegler, Günter: Eherne Zungen. Ein Bildbuch vom Werden der Glocken, hg. v. d. Pressestelle der Evanglischen Lutherischen Kirche in Thüringen, Berlin, Evangelische Verlagsanstalt, 1960
Zingerle, Ignaz v.: Sagen aus Tirol, Graz, Verlag für Sammler, 1969

Register

Die kursiven Ziffern weisen auf Abbildungen hin.

Aachen 29, 50
Aargau 9
Aaron 36
Abendglocke 39f., 72
Adalbert, hl. 50
Adalric v. Freising 29
Afrika 47, 56, 61, 72, 77, 81
Ägypten 11, *35*, 36, 42, 68
Aich(h)ammer, Johann 26
Alarmglocke *41f., 85*
Allgäu 61
Altarschellen, -cymbeln 69, 80
Amerika 22, 41
Ampfing 65
Amulettglocke 11
Angelusläuten 44f.
Angstläuten 45
Antlessläuten 45
Antonius, hl. 42
Antoniusglöckchen 42f.
Antonius v. Padua, hl. 91
Apollonia, hl. 91
Arbeitsglocke 43
Arme(n)sünderglocke 43
Arndt, Ernst Moritz 24
Augsburg 80
Außerfern 60
Aveglocke 40

Bad Ischl 43
Baltikum 57
Bannglocke 44
Basel 68, 79
Bauernglocke 49
Bell Rock 62
Benediktusschellen 92
Benedikt v. Nursia, 36
Berg, Josef 50, *51*
Berlin *17, 19, 22f, 24,* 83
Beschwörungsglocke *11*
Betglocke 44, 45, 72
Bierglocke 40, 46, 49
Blutglocke 44
Boileau, Etienne 66
Bolle, Emil *85*
Bonifatius 37
Boudelle, Pierre de 4
Brandenberg(tal) 24f., *25, 59,* 89
Bräun-, Breinglöcklein 76
Braunschweig 65, 75
Brecht, Bertolt 18
Breslau 87
Brissot, Pierre 78
Bronzeglocken 35
Bruck, Arnold de 9
Burgenland 49, *52,* 53, *74*
Bürgerglocke 49

Calixtus III., Papst 45
Carpentras 68
Castelli, Franz 77
China 35
Clemens v. Alexandrien 36
Cluny 37
Cyriaksglocke 46

Danzig 26

Deutschland 27, 37, 65
Dickens, Charles 73
Dienstbotenglocke 83
Diokletian, Kaiser 46
Donatusglöcklein, -schelle 91
Donne, John 93
Doppelglocke 47
Dorfglocken 61
Dresden 20

Ebensee 9, 46
Eberhard v. Salzburg 45
Ehrenglocke 47
Eisenerz 43
Eisenglocke 47
Elf-Uhr-Glocke 70
England 32, 40, 65, 81
Erfurt 31
Europa 35, 42
Exorzismusglöckchen 36

Feierabendglocke 40, 45
Feierglocke 40
feindglögglin 80
Feldfrüchteläuten 45
Festglocke 47
Feuerglocke 42, 47f.
Feuerwehrglocke 48
Fielhauer, Helmut P. *10,* 15, *58, 74*
Fielhauer, Maria *55*
Figl, Leopold 21f.
Fischer, Johann Nepomuk 90
Flaurling 20, 85
Fontanelle 29, 37
Forckernus, hl. 35, 37
Foucault, J. B. Lèon 13
Franck, Sebastian 55
Franken 37, 45
Frankfurt am Main 47, 80, 86
Frauenglocke 87
Freiheitsglocke 22f
Freudenglocke 47
Friedensglocke 19, 23
Friedrich I. v. Brandenburg 24
Friedrich II., König 84
Fruchtglocke 73
Frühglocke 72
Fulda 81

Gauß, Karl Friedrich 11
Gebetsglocke 44
Geiger, Karl Josef *28*
Gemeindeglocke, 49f.
gemperlein 80
Gerichtsglocke 44, 45
Gert van Wou 31
Glasglocke *54*
Glockenkaiser 33, *34*
Glockenkleid, -rock, -hose *55*
Glockenspiel *55f.,* 63
Glockenweihe 38, 62f., *63,* 89
Glockenzug *67,* 83
Glöckerl 56
Gloucester 32
Gmünd 40
Goethe, J. W. v. 47, 64, 74
Goldglöckchen 36
Göring, Hermann 20, 27
Goslar *56*
Gozbert v. Tegernsee 29
Grandegger, F. *67*
Graßmayr, Christoph *51*
Graßmayr, Gießerei 32, 50f.
Graz 68
Gregor v. Tours 37
Griechen(land) 35, 60, 68
Grimm, Jacob u. Wilhelm 40, 55, 88

Habichen im Ötztal 50
Handglocke 35, 79, 82, 90, 92
Hauptmann, Gerhart 32
Hausglocke 56, 91
Heer, Friedrich 16
Heimatglocken 96
Hemingway, Ernest 93
Herdenglocken, -schellen 56f., 77

Herrenglocke 49
Herrliberger, David *63*
Hexenglocke, -glöcklein 60f., 91
Hitler, Adolf 19
Hochzeitsglocken 8, 61
Hofglocke 43, 54
Hornstein 45
Hosanna-Glocke 31
Hus-Ausläuten 45
Hugo, Victor 16
Hundeglocken 61

Imst 9
Innitzer, Theodor 19
Innsbruck 50f., 85, 93
Irland 35, 36f.
Irrglocken 61

Johann, Erzherzog 27, 57, 81
Johannes XXII., Papst 44
Johannes Chrysostomus 36
Johannes Paul II., Papst 50, *51*
Josef Dominik v. Passau 45
Joseph I., Kaiser 26
Joseph II., Kaiser 26, 64, 76, 90
Jugoslawien 65

Kaprun 60
Karfreitagsglocken 75
Karl Borromäus, hl. 38
Karl der Große 29, 62
Karl, Erzherzog 43
Kärnten 26
Käseglocke 62
Kastelruth 60
Kirchenglocken 13, 15, 19, 24, 37f., 38, 44, 47, 52, 53, 62ff., 76, 79, 85
Klagenfurt 6, 26, 33, 94
Klingel 15, 83
Kokosglocke 72
Köln 68, 89
Koloman, hl. 91
Konrad v. Wien 31
Konstantin, Kaiser 36
Krakau 17
Krems 32
Kremsmünster 33
Kriegerglocken 66
Kuhglocken, -schellen 10, 57f

Landsmann, Matthias 6, 26
Lauterbach 91
Leerglocke 47
Leningrad 54
Leopold I., Kaiser 26
Liberty Bell 23
Lienz 85
Lincoln, Abraham 23
Linz 68, 91
London 23, 32, 35
Lorettoglöcklein 91, 92
Lübeck *18*
Lublin 50, 51
Lumpenglocke 40
Luzern 9

Maiglöckchen 66
Männerglocke 49
Margarete, Kaiserin 91
Margaretenglöckchen 92
Maria Anna v. Spanien 91
Maria Gloriosa 31
Maria Saal *6,* 26, 33
Marktglocke *66f.*
Martin V., Papst 44, 45
Mecklenburg 44
Meßglocke 69, 86
Metternich, Fürst 27, 58
Minac, Vladimir 93
Mittagsglocke, -läuten 7, 45, 70
Mordglocke 70, 80
Morgenglocke 72
Moskau 33, *34*
München 75, 87
Münster 40
Murtal 9

Nachtglocke 40, 46
Napoleon Bonaparte 16, 26
Narrenglocke 11, 72
Nassereith 9
Naturglocke 72
Neuguinea 72
Neujahrsglocke 73f.
Niederösterreich 34, 40, 49, 89
Niescher, Romuald 51
Norwegen 57
Nürnberg 54, 59

Oberösterreich 33, 45
Ödenburg 94
Olympische Spiele 1936 *17,* 19
Orient 57
Orsini-Rosenberg, Graf 26
Osterglocke 74f.
Österreich 19f., 26, 32, 37, 43, 45, 60, 74

Papin, Denis 81
Papstglocke *51*
Paris *12,* 68, 78
Partl, Alois *51*
Patrick, hl. *35,* 36
Peiger, Ludwig 79
Pfundner, Josef 33
Phönizier 68
Picart, Bernard *63*
Pilsen *48f.*
Pompeji 56
Postglocke *75*
Prag *85*
Predigtglocke 70
Preußen 43, 84
Primglocke 76
Prininger, Mathias 32
Pummerin 7, *21f.*, 26, 33
Pustertal 56
Pylak, Boleslaw *51*

Ratsglocke 49, 76f.
Rinderglocken 77
Ringstock *58f.*
Rollen, Rollschellen 10, 36, 59f.
Rom 35, 37, 74
Romodanowskaja, A. *34*
Rosegger, Peter 44
Rosenkranzglocke 87
Rotzglocke 77
Rudolph IV., Erzherzog 76
Rufglocke, -glöcklein 77
Rupprechter, Ludwig 25, *59*
Rußland 61
Ryff, Andreas 68

Sabinian, Papst 44
Sakristeiglocke, -glöckchen 67, 69
Salaberga v. Laon, hl. 91
Salveglocke 87
Salzburg 19, 29, 40, 47, *55,* 91
St. Florian, Gießerei 33
St. Gallen 78
St. Valery 62
Sanctus-, Sanktusglöckchen 70
Sartori, Paul 74
Sauglocke 77
Saugglocke 77f.
Schaffhausen 79
Schafglocken 57
Schandglocken 78
Schellen 9, 10, 31, 57f., 84
Schichtglocke 43
Schidungsläuten 45
Schiffsglocke 43
Schillerglocke 79
Schladming 48
Schlafglocke 40
Schleswig-Holstein 72
Schneeglöckchen 79
Schneeglocke, -läuten 61, 90
Schoiswohl, Josef 19
Schott, Kaspar 81
Schottland 62
Schranka, Eduard Maria 56
Schreckläuten 61, 88
Schulglocke 79

Schulz, Karl 39
Schuschnigg, Kurt 19
Schütte, Dr. Anton 27
Schwaben, 60, 88
Schweden 57
Schweiz 10, 60, 61, 77, 79, 85
Sidonius Apollinaris 57
Siegesglocken 18
Silvester-, Sylvesterglocken 7, 73
Sonntagsglocke(n) 76
Speisglocke(n) 10, 57, *59,* 80, 92
Sperrglocke 40
Sprenger, Eugen *51*
Sprung, Rainer *51*
Stefan II., Papst 37
Steiermark 49, 60, 90
Sterbeglocke 83, 92
Stöger, Alois *51*
Strabo, Wahlafried 31
Straßburg 70, 80
Sturmius v, Fulda, Abt 92
Südtirol 9, 56
Sturmglocke -läuten, 26f., 44, 47, 49, 70f., 80f.

Talev, Dimitur 93
Tanco v. St. Gallen 29
Tanz-, Tänzerglocken 73, 81
Taucherglocke 81
Taufglocke 82
Theophilusglocke 29
Theophilus Presbyter 29
Theophrast 11
Timo v. Salzburg 29
Tirol 9, 10, 20, 32, *59,* 60, 63, 80, 88
Tischglocke *82f.*
Torglocke 40
Totenglocke 83f.
Trakl, Georg 17
Treer, Joan v. 50
Trier 80
Türglocke 56
Türkenglocke, -läuten 45, 76
Turmglocken 47, 84

Uhrglocke, -schelle 54, *86f.*
Ulm 72, 86
Ungarn 43, 60
Venedig *86*
Versammlungsglocke 49, 54, 87f.
Versehglocke 91
Vesperglocke 40, 88
Viehglocken, -schellen 56f., 73, 77
Vinschgau 10, 60

Wachau 83
Waldviertel 52f.
Walther v. d. Vogelweide 47
Wandlungsglocke, -läuten 70
Warnungsglocke 88
Weihnachtsglocke(n) 88f.
Weinglocke 40, 46, 49
Weinheber, Josef 83
Westfalen 61
Wetterglocke, -läuten 54, 89f.
Wien 7, 8, 9, 19f., 21f., 26f., 48, *67,* 70, 75f., 77, 86, 87, 88, 92, *95*
Wildschönau 60
Wilhelm der Eroberer 40
Wimmelburg b. Eisleben 46
Wolfgang, hl. 91
Worms 54
Wunschglocke 91

Zauberglocke, -glöckchen 11
Zedlach 10
Ziegler, Johannes 88
Zierglocke 54
Zillertal 10
Zinsglocke 92
Zuckerhutglocke 31
Zügenglocke, -glöcklein 44, 80, 92
Zusammenläuten 70

Jerusalem, Blick auf die Stadt
und den Ölberg

Perros-Guirec (Cotes-du-Nord)

Jaca, Huesca, Spanien,
Romanische Kathedrale

Ravenna, Dantegrab

Der Dom von Posen

Kleinste
Kaiser-V
Berlin (

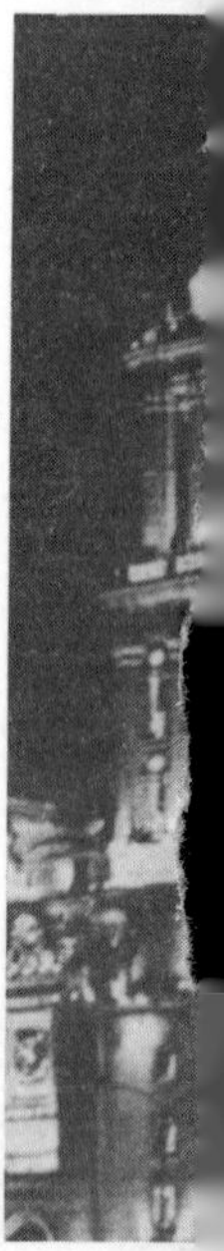

Mexico, C

Kloster
Vatra Moldo
Rumänien